缁门警训

中国佛学经典宝藏

29

张学智 释译

星云大师总监修

人民东方出版传媒

東方出版社

图书在版编目（CIP）数据

缁门警训 / 张学智 释译 . — 北京：东方出版社，2018.8
（中国佛学经典宝藏）
ISBN 978 – 7 – 5060 – 8611 – 0

Ⅰ . ①缁… Ⅱ . ①张… Ⅲ . ①禅宗②《缁门警训》—注释③《缁门警训》—译文 Ⅳ . ① B946.5

中国版本图书馆 CIP 数据核字（2015）第 289523 号

缁门警训
（ZIMEN JINGXUN）

释 译 者：张学智
责任编辑：王梦楠 杨 灿
出　　版：东方出版社
发　　行：人民东方出版传媒有限公司
地　　址：北京市东城区东四十条 113 号
邮　　编：100007
印　　刷：北京京都六环印刷厂
版　　次：2018 年 8 月第 1 版
印　　次：2018 年 8 月第 1 次印刷
开　　本：880 毫米 ×1230 毫米 1/32
印　　张：11.875
字　　数：170 千字
书　　号：ISBN 978 – 7 – 5060 – 8611 – 0
定　　价：55.00 元
发行电话：（010）85924663 85924644 85924641

《中国佛学经典宝藏》
大陆简体字版编审委员会

总序

星云

自读首楞严，从此不尝人间糟糠味；

认识华严经，方知已是佛法富贵人。

诚然，佛教三藏十二部经有如暗夜之灯炬、苦海之宝筏，为人生带来光明与幸福，古德这首诗偈可说一语道尽行者阅藏慕道、顶戴感恩的心情！可惜佛教经典因为卷帙浩瀚、古文艰涩，常使忙碌的现代人有义理远隔、望而生畏之憾，因此多少年来，我一直想编纂一套白话佛典，以使法雨均沾，普利十方。

一九九一年，这个心愿总算有了眉目。是年，佛光山在中国大陆广州市召开“白话佛经编纂会议”，将该套丛书定名为《中国佛教经典宝藏》①。后来几经集思广

① 编者注：《中国佛教经典宝藏》丛书，大陆出版时改为《中国佛学经典宝藏》丛书。

益，大家决定其所呈现的风格应该具备下列四项要点：

一、启发思想：全套《中国佛教经典宝藏》共计百余册，依大乘、小乘、禅、净、密等性质编号排序，所选经典均具三点特色：

1. 历史意义的深远性
2. 中国文化的影响性
3. 人间佛教的理念性

二、通顺易懂：每册书均设有原典、注释、译文等单元，其中文句铺排力求流畅通顺，遣词用字力求深入浅出，期使读者能一目了然，契入妙谛。

三、文简意赅：以专章解析每部经的全貌，并且搜罗重要的章句，介绍该经的精神所在，俾使读者对每部经义都能透彻了解，并且免于以偏概全之谬误。

四、雅俗共赏：《中国佛教经典宝藏》虽是白话佛典，但亦兼具通俗文艺与学术价值，以达到雅俗共赏、三根普被的效果，所以每册书均以题解、源流、解说等章节，阐述经文的时代背景、影响价值及在佛教历史和思想演变上的地位角色。

兹值佛光山开山三十周年，诸方贤圣齐来庆祝，历经五载、集二百余人心血结晶的百余册《中国佛教经典宝藏》也于此时隆重推出，可谓意义非凡，论其成就，则有四点可与大家共同分享：

一、佛教史上的开创之举：民国以来的白话佛经翻译虽然很多，但都是法师或居士个人的开示讲稿或零星的研究心得，由于缺乏整体性的计划，读者也不易窥探佛法之堂奥。有鉴于此，《中国佛教经典宝藏》丛书突破窠臼，将古来经律论中之重要著作，做有系统的整理，为佛典翻译史写下新页！

二、杰出学者的集体创作：《中国佛教经典宝藏》丛书结合中国大陆北京、南京各地名校的百位教授、学者通力撰稿，其中博士学位者占百分之八十，其他均拥有硕士学位，在当今出版界各种读物中难得一见。

三、两岸佛学的交流互动：《中国佛教经典宝藏》撰述大部分由大陆饱学能文之教授负责，并搜录台湾教界大德和居士们的论著，借此衔接两岸佛学，使有互动的因缘。编审部分则由台湾和大陆学有专精之学者从事，不仅对中国大陆研究佛学风气具有带动启发之作用，对于台海两岸佛学交流更是帮助良多。

四、白话佛典的精华集萃：《中国佛教经典宝藏》将佛典里具有思想性、启发性、教育性、人间性的章节做重点式的集萃整理，有别于坊间一般“照本翻译”的白话佛典，使读者能充分享受“深入经藏，智慧如海”的法喜。

今《中国佛教经典宝藏》付梓在即，吾欣然为之作序，并借此感谢慈惠、依空等人百忙之中，指导编修；吉广舆等人奔走两岸，穿针引线；以及王志远、赖永海等大陆教授的辛勤撰述；刘国香、陈慧剑等台湾学者的周详审核；满济、永应等“宝藏小组”人员的汇编印行。由于他们的同心协力，使得这项伟大的事业得以不负众望，功竟圆成！

《中国佛教经典宝藏》虽说是大家精心擘划、全力以赴的巨作，但经义深邈，实难尽备；法海浩瀚，亦恐有遗珠之憾；加以时代之动乱，文化之激荡，学者教授于契合佛心，或有差距之处。凡此失漏必然甚多，星云谨以愚诚，祈求诸方大德不吝指正，是所至祷。

一九九六年五月十六日于佛光山

原版序

敲门处处有人应

慈惠

《中国佛教经典宝藏》是佛光山继《佛光大藏经》之后，推展人间佛教的百册丛书，以将传统《大藏经》精华化、白话化、现代化为宗旨，力求佛经宝藏再现今世，以通俗亲切的面貌，温渥现代人的心灵。

佛光山开山三十年以来，家师星云上人致力推展人间佛教，不遗余力，各种文化、教育事业蓬勃创办，全世界弘法度化之道场应机兴建，蔚为中国现代佛教之新气象。这一套白话精华大藏经，亦是大师弘教传法的深心悲愿之一。从开始构想、擘划到广州会议落实，无不出自大师高瞻远瞩之眼光，从逐年组稿到编辑出版，幸赖大师无限关注支持，乃有这一套现代白话之大藏经问世。

这是一套多层次、多角度、全方位反映传统佛教文化的丛书，取其精华，舍其艰涩，希望既能将《大藏经》

深睿的奥义妙法再现今世，也能为现代人提供学佛求法的方便舟筏。我们祈望《中国佛教经典宝藏》具有四种功用：

一、是传统佛典的精华书

中国佛教典籍汗牛充栋，一套《大藏经》就有九千余卷，穷年皓首都研读不完，无从赈济现代人的枯槁心灵。《宝藏》希望是一滴浓缩的法水，既不失《大藏经》的法味，又能有稍浸即润的方便，所以选择了取精用弘的摘引方式，以舍弃庞杂的枝节。由于执笔学者各有不同的取舍角度，其间难免有所缺失，谨请十方仁者鉴谅。

二、是深入浅出的工具书

现代人离古愈远，愈缺乏解读古籍的能力，往往视《大藏经》为艰涩难懂之天书，明知其中有汪洋浩瀚之生命智慧，亦只能望洋兴叹，欲渡无舟。《宝藏》希望是一艘现代化的舟筏，以通俗浅显的白话文字，提供读者遨游佛法义海的工具。应邀执笔的学者虽然多具佛学素养，但大陆对白话写作之领会角度不同，表达方式与台湾有相当差距，造成编写过程中对深厚佛学素养与流畅白话语言不易兼顾的困扰，两全为难。

三、是学佛入门的指引书

佛教经典有八万四千法门，门门可以深入，门门是无限宽广的证悟途径，可惜缺乏大众化的入门导览，不易寻觅捷径。《宝藏》希望是一支指引方向的路标，协助十方大众深入经藏，从先贤的智慧中汲取养分，成就无上的人生福泽。

四、是解深入密的参考书

佛陀遗教不仅是亚洲人民的精神归依，也是世界众生的心灵宝藏。可惜经文古奥，缺乏现代化传播，一旦庞大经藏沦为学术研究之训诂工具，佛教如何能扎根于民间？如何普济僧俗两众？我们希望《宝藏》是百粒芥子，稍稍显现一些须弥山的法相，使读者由浅入深，略窥三昧法要。各书对经藏之解读诠释角度或有不足，我们开拓白话经藏的心意却是虔诚的，若能引领读者进一步深研三藏教理，则是我们的衷心微愿。

大陆版序一

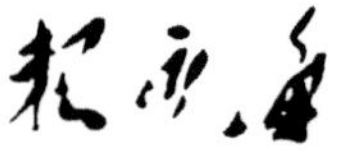

《中国佛教经典宝藏》是一套对主要佛教经典进行精选、注译、经义阐释、源流梳理、学术价值分析，并把它们翻译成现代白话文的大型佛学丛书，成书于二十世纪九十年代，由台湾佛光文化事业有限公司出版，星云大师担任总监修，由大陆的杜继文、方立天以及台湾的星云大师、圣严法师等两岸百余位知名学者、法师共同编撰完成。十几年来，这套丛书在两岸的学术界和佛教界产生了巨大的影响，对研究、弘扬作为中国传统文化重要组成部分的佛教文化，推动两岸的文化学术交流发挥了十分重要的作用。

《中国佛学经典宝藏》则是《中国佛教经典宝藏》的简体字修订版。之所以要出版这套丛书，主要基于以下的考虑：

首先，佛教有三藏十二部经、八万四千法门，典籍浩瀚，博大精深，即便是专业研究者，穷其一生之精力，恐也难阅尽所有经典，因此之故，有“精选”之举。

其次，佛教源于印度，汉传佛教的经论多译自梵语；加之，代有译人，版本众多，或随音，或意译，同一经文，往往表述各异。究竟哪一种版本更契合读者根机？哪一个注疏对读者理解经论大意更有助益？编撰者除了标明所依据版本外，对各部经论之版本和注疏源流也进行了系统的梳理。

再次，佛典名相繁复，义理艰深，即便识得其文其字，文字背后的义理，诚非一望便知。为此，注译者特地对诸多冷僻文字和艰涩名相，进行了力所能及的注解和阐析，并把所选经文全部翻译成现代汉语。希望这些注译，能成为修习者得月之手指、渡河之舟楫。

最后，研习经论，旨在借教悟宗、识义得意。为了将其思想义理和现当代价值揭示出来，编撰者对各部经论的篇章品目、思想脉络、义理蕴涵、学术价值等所做的发掘和剖析，真可谓殚精竭虑、苦心孤诣！当然，佛理幽深，欲入其堂奥、得其真义，诚非易事！我们不敢奢求对于各部经论的解读都能鞭辟入里，字字珠玑，但希望能对读者的理解经义有所启迪！

习近平主席最近指出：“佛教产生于古代印度，但传入中国后，经过长期演化，佛教同中国儒家文化和道家文化融合发展，最终形成了具有中国特色的佛教文化，给中国人的宗教信仰、哲学观念、文学艺术、礼仪习俗等留下了深刻影响。”如何去研究、传承和弘扬优秀佛教文化，是摆在我们面前的一个重要课题，人民东方出版传媒有限公司拟对繁体字版的《中国佛教经典宝藏》进行修订，并出版简体字版的《中国佛学经典宝藏》，随喜赞叹，寥寄数语，以叙因缘，是为序。

二〇一六年春于南京大学

大陆版序二

依空

身材高大、肤色白皙、擅长军事的亚利安人，在公元前四千五百多年从中亚攻入西北印度，把当地土著征服之后，为了彻底统治这里的人民，建立了牢不可破的种姓制度，创造了无数的神祇，主要有创造神梵天、破坏神湿婆、保护神毗婆奴。人们的祸福由梵天决定，为了取悦梵天大神，需要透过婆罗门来沟通，因为他们是从梵天的口舌之中生出，懂得梵天的语言——繁复深奥的梵文，婆罗门阶级是宗教祭祀师，负责教育，更掌控了神与人之间往来的话语权。四种姓中最重要的是刹帝利，举凡国家的政治、经济、军事、文化等等都由他们实际操作，属贵族阶级，由梵天的胸部生出。吠舍则是士农工商的平民百姓，由梵天的膝盖以上生出。首陀罗则是被踩在梵天脚下的土著。前三者可以轮回，纵然几世轮转都无法脱离原来种姓，称为再生族；首陀罗则连轮回的因缘都没有，为不生族，生生世世为首陀罗，子孙也倒霉跟着宿命，无法改变身份。相对于此，贱民比首陀罗更为卑微、低贱，连四种姓都无法跻身其中，只能从事挑粪、焚化尸体等最卑贱、龌龊的工作。

出身于高贵种姓释迦族的悉达多太子，为了打破种姓制度的桎梏，舍弃既有的优越族姓，主张一切众生皆平等，成正等觉，创立了佛教僧团。为了贯彻佛教的平等思想，佛陀不仅先度首陀罗身份的优婆离出家，后度释迦族的七王子，先入山门为师兄，树立僧团伦理制度。佛陀更严禁弟子们用贵族的语言——梵文宣讲佛法，而以人民容易理解的地方口语来演说法义，这就是巴利文经典的滥觞。佛陀认为真理不应该是属于少数贵族、知识分子的专利或装饰，而应该更贴近普罗大众，属于平民百姓共有共知。原来佛陀早就在推动佛法的普遍化、大众化、白话化的伟大工作。

佛教从西汉哀帝末年传入中国，历经东汉、魏晋南北朝、隋唐的漫长艰巨的译经过程，加上历代各宗派祖师的著作，积累了庞博浩瀚的汉传佛教典籍。这些经论义理深奥隐晦，加以书写的语言文字为千年以前的古汉文，增加现代人阅读的困难，只能望着汗牛充栋的三藏十二部扼腕慨叹，裹足不前。

如何让大众轻松深入佛法大海，直探佛陀本怀？佛光山开山宗长星云大师乃发起编纂《中国佛教经典宝藏》。一九九一年，先在大陆广州召开“白话佛经编纂会议”，订定一百本的经论种类、编写体例、字数等事项，礼聘中国社科院的王志远教授、南京大学的赖永海教授分别为中国大陆北方与南方的总联络人，邀请大陆各大学的佛教学者撰文，后来增加台湾部分的三十二本，是为一百三十二册的《中国佛教经典宝藏精选白话版》，于一九九七年，作为佛光山开山三十周年的献礼，隆重出版。

六七年间我个人参与最初的筹划，多次奔波往来于大陆与台湾，小心谨慎带回作者原稿，印刷出版、营销推广。看到它成为佛教徒家中的传家宝藏，有心了解佛学的莘莘学子的入门指南书，为星云大师监修此部宝藏的愿心深感赞叹，既上契佛陀“佛法不舍一众”的慈悲本怀，更下启人间佛教“普世益人”的平等精神。尤其可喜者，欣闻现大陆出版方东方出版社潘少平总裁、彭明哲副总编亲自担纲筹划，组织资深编辑精校精勘；更有旅美企业家鲁彼德先生事业有成之际，秉“十方来，十方去，共成十方事”之襟怀，促成简体字版《中国佛学经典宝藏》的刊行。今付梓在即，是为序，以表随喜祝贺之忱！

二〇一六年元月

目　录

题解

《缁门警训》是明代临济宗僧如卺编的一部历代著名警策、训诫、规仪、箴铭的选辑，共十卷，一百九十五篇。它的目的是对僧人进行策励、训勉，故题名为《缁门警训》。

今本《缁门警训》的雏形是宋代临济宗僧择贤所集的《缁林宝训》一卷，元代临济宗僧永中对《缁林宝训》进行了增补，改名《缁门警训》，刊行于元仁宗皇庆二年（公元一三一三年），如卺进行了续补，书名沿用永中本，刊行于明宪宗成化十年（公元一四七四年）。现在通行的即如卺本。清光绪十八年（公元一八九二年），居士杨净超出资刻印一千二百五十部，分送名山大寺，此书遂广为流传。现最多见者即此版本。日本《大正新修大藏经》收入第四十八册。本书所据，即《大正藏》本。

学术价值

本书是警策宝训类书中体裁最广泛、内容最丰富的。历代都有宗师大德垂训箴诫语，最著名的如唐代沩山灵祐《警策》、永明延寿《警世》等。宋代各派宗师如明教契嵩、孤山智圆及黄龙、杨岐等著名僧人皆有规诫。契嵩的《尊僧篇》、智圆的《示学徒》皆甚有名。

到了明代，佛教各宗衰落已甚，僧人以寺院为衣食之所，不守戒律，滥厕僧伦的现象日益严重，许多大德高僧哀叹佛教到了末法时期，训诫规箴之语很多。一些立志修道的僧人，出于维护佛法、挽救宗风的苦心，积极整理、刊印这类书籍，希望引起整个佛教界乃至全社会的警觉。

另外，一些僧俗弟子认为刊印佛书乃是一种功德，一种阴骘，是造福田的事业。如光绪年间出资刊刻《缁门警训》的杨净超就曾说："思我祖良言，宜广流通，不使湮没，即报祖恩。以兹功德，消除历劫无明。惟愿福德昌隆，道缘具足，早生净土。"（《缁门警训·跋》）他是把刊刻佛书看作往生净土的一种缘力。这类书籍比起通行的佛经来，毕竟稀有，又易于收集，并为僧俗两众所需要，于是也刊印这种书籍。明代这类书很多，这将在

“源流”部分叙及。

《缁门警训》是这类书中搜罗最广的。若按内容分，它大致有五个方面：其一是垂训语，包括警策、遗诫、箴言、座右铭、规鉴等，是本书的重点，意在纠正、警诫僧行中的种种弊病。其二是劝诱奖掖语，意在从正面教给僧人如何履行僧家规矩戒条，包括训童行、坐禅仪、各种规式、赞偈等。第三方面是书信、序、记等，特别是僧俗之间的通信及著名居士张商英、白居易、杨杰等的小品文。形式不拘，长短不等，借物生情，随机阐说，用以激励修道，增加慧解。第四方面是著名禅师的上堂、小参、示众、偈颂等，引古德高僧的参禅、说法，作为初学的入门向导。第五类是历代子史中关于佛教的记载。这类文章多辑自《广弘明集》，而《广弘明集》又集自各类子史书，如选自《列子》的《商太宰问孔子圣人》、《后汉书》的《郊祀志》、南北朝史书中的《梁皇舍道事佛诏》和《高僧传》中的《宋文帝集朝宰论佛教》等。选择这类文章的目的，在于证明历代帝王中敬信佛教、护持佛教的不少。而且说明佛教在地位上高于儒道二教，儒道二教中的圣人皆顶礼释迦。

《缁门警训》不属经、律、论中的任何一类，所以它在一般藏经中很难找到。它是一部文集。由于这部文集选材的广泛性，特别是警策箴规的针对性强、亲切实用等特点，所以它在警策类典籍中一直受到较高重视。

《缁门警训》有一个很突出的特点，就是强烈的儒佛会通的精神。这一点是深受当时的学术思潮影响的。比如它选了名僧赞宁的《勉通外学》，大力提倡释子会通内外典籍。赞宁认为，儒道二教的道理是深刻而玄妙的，吸收儒教道教的理论，可以使释家知识广博。赞宁不像有些佛教徒，从狭隘的宗教立场出发，排斥佛教以外的任何知识。他认为，这样只会使佛教处于偏狭固陋的地位。他例举了习凿齿和道安，慧远和宗炳、雷次宗，复礼和权无二，皎然和陆鸿渐的友情和互相影响，说明要巩固佛教的地位，要感染佛教之外的大众信仰佛教，最根本的方法就是精通他们的学问。他的根据是，佛对于外道之书并不一概禁止接触，而是提倡研究它、精通它、征服它。他懂得他山之石可以攻玉的道理。拒斥是愚蠢的，从宗教立场说，即使儒道二教是魔军，也要接触它、通晓它，因为这是抵御魔军的先决条件。

《缁门警训》更选了赞宁的《三教总论》，作为它对儒释道三教关系的总着眼点。赞宁是僧人中极博学的，他的一个观点是“三教循环，终而复始”。就是说，儒释道三教迭为一个国家的辅国之教，这是不变的铁则。无论儒释道哪一教，都不能永为一国的宗主，它必须随着国运的兴替而变换。三教各有各的长处，各有各的适用类型。从整个历史发展的长过程看，三教是一家之物。后来的三武一宗灭佛及儒释道三教争竞优劣短长，都是于道大谬！他以为三教互相辅助，并行不悖，才能充分发挥各自的长处，也才符合佛说“一切恭信”的教导。

《缁门警训》儒释道三教并行的思想，是中国唐代以后儒释道三教会通思想的反映。唐代采取融合三教的政策，儒佛会通是一种时代风尚。唐代著名文人大都好佛，与僧人交往被看作一种雅事。著名文人王维、白居易、张说、柳宗元、刘禹锡，皆有赞颂佛教的文字，为著名僧人作碑文塔铭等。到了宋代，儒佛会通的趋势进一步加强。宋代占统治地位的学术思想理学，就是儒释道融合的产物。著名理学家二程、张载、朱熹、陆九渊等人皆出入佛老，虽亦有排佛言论，但他们思想中已融入佛教思想。元代，儒佛调合的思想更加明显，刘谧的《三教平心论》，就是这方面的代表作。

又如元代名臣耶律楚材，早年好儒家六经，后来对佛教发生浓厚兴趣，晚年有明显的调和三教的思想。他曾说：“圣人设教立化，虽权实不同，会归其极，莫不得中。”他所谓圣人，指儒释道三教的孔子、老子、释迦，并认为“三圣之说，不谋而合”。他还说：“吾夫子之道治天下，老氏之道养性，释氏之道修心，此古今之通议也。”(《湛然居士文集》卷八)

又如元末明初大臣宋濂，自号无念居士，博通经史，而又精研佛教。他认为，读儒家书的作用在“探义理之精奥”，读佛家书则能“荡名相之粗迹”。二者不偏不执而能会通，可以收交养互补之效。明代会通三教的趋势更加强劲。明太祖朱元璋，因幼时曾入皇觉寺为行童，所以一生尊信、护持佛教甚力，写了许多关于佛教的文章。他认为僧人可以入世，他的《拔儒僧文》《拔儒僧入仕》就公开鼓励僧人出来做官。他并亲自撰写《金刚经集注》，使天下僧俗诵习。他还作《三教论》，阐明三教合一，共同扶助王治的道理，他说：“尝闻天下无二道，圣人无二心。三教之立，虽持身荣俭之不同，其所济给之理一。然于斯世之愚人，于斯三教，有不可缺者。”(《明太祖集》卷十）

元、明以来的这些思想，在明中叶形成一股强大的三教合一或说三教虽不同，皆可辅助王治的思想。明代四大高僧的思想，就是这一思潮的表现。如莲池袾宏说，儒家功用在治世，佛教功用在出世，二者可以相资为用。他还指出，从根本上说，儒释道三教一家，其道理的最后归趣是一致的。高明之士，才能圆融三家之理。憨山德清认为，不具备三教学养，不偏则隘。他尝说：不知《春秋》，不能涉世；不精老庄，不能忘世；不参禅，不能出世。德清还用佛理来注解《老子》《庄子》《大学》《中庸》等儒道典籍。

蕅益智旭也用佛理来解儒家典籍，他有《周易禅解》《四书蕅益解》等，倡三教互补之说。他对于儒与释、出世与入世，有独特的理解。他认为儒佛根本精神是一致的，皆在炼养人格。儒者能德业学问兼备，其在佛家必能得佛之命脉骨髓。在世为真儒，出世是真佛。真正的释家可以治世，真正的儒家也可以出世，关键在于一心。此心若悟，学佛就是学儒，学儒就是学佛。

从唐代开始的三教合一思潮，对明代社会发生了相当大的影响。这不能不对《缁门警训》的编集者、增补者发生作用。它对文章的取舍，相当大的程度上体现了这种思潮。

此外，《缁门警训》还表现出禅教并重、禅净并重的特点。《缁门警训》的最初纂集者宋代择贤及增补者永中、如卺虽皆临济宗人，但他们并不存偏见。书中所选，皆各时代名宿硕德，不问其属于何派，天台、慈恩、华严、律宗，只要文字警辟醒豁，皆予入选。虽然禅宗所选最多，但于中又不辨云门、沩仰、黄龙、杨岐。这说明《缁门警训》选编者的宏阔眼光，不囿于门户之见的精神。

《缁门警训》虽有强烈的调和儒释道三教的精神，但它主要的是与俗世儒学的合一。书中有极少的篇章记述了佛道之争，特别是佛经传入中国初期佛道二教正统地位之争。本书中《汉显宗开佛化法本内传》就记述了汉代二教的一次斗法。这次斗法，以佛教的胜利，“大众同声赞颂，立感士庶及官吏千余人、四山道士六百多人、宫人妇女二百多人出家”而告结束。

《缁门警训》选这一故事，目的在证明佛教法力胜过道教，以此增长佛教徒的信心。同时这类文章的选入，也增加了它在保存史料上的学术价值。

《缁门警训》作为警策、训诫文章的大全，它的门类是很多的，策励、箴铭、规式、礼忏应有尽有，旁及示众、小参、上堂、书信、序记、赞偈，散文韵文皆有，质直华丽交互，具有很强的广泛性。

其中除丛林习见者外，皆出自僧人文集，所选者皆极警切，这也增加了它的学术价值。所以本书的最后编定者如卺的师父空谷景隆为它作序说：佛哀怜众生沉溺浊流，思有以济拔，方便多门，使人修行以复其性，或为法语，为小参，为示众，为警策，为训诫，为箴铭，以激励之，鞭辟之，奖拔之，化导引诱之。弘法愿重，悯物情深。《缁门警训》编纂成书，并非徒然。这篇序可以说道出了本书的目的所在，也道出了本书的价值所在。

节选标准

《缁门警训》是一部文章、诗偈、箴铭等的选辑，全书共一百九十多篇，三十余万字，本书所选，不过十中之一，我们的取舍标准是：

第一，尽量注意对僧俗两众都有意义，且能与现代生活发生关系者。就是说，虽是针对僧人，但加以合理引申、诠释也可为俗人所用的。这一点是本书选材的着眼所在。因为本书的读者定位在现代人，尤其是无任何宗教背景的大众，故原书中过于专门、过于宗教化的内容尽量少选。如原书中有一些坐禅铭，里面有关于四禅八定的观想；还有一些篇章叙述僧人燃指供佛以增强道念等；又如专为僧家所用俗家根本不熟悉之物，原书有多篇借此类物吟咏其志，或直接赞颂它们，如《漉囊教意》《钵制意》《坐具赋》等。某些规式，僧制已随时代改进，或根本废除，如《登厕规式》《勉僧看病》等，本书对此，皆不选。

第二，注意体裁的广泛性。《缁门警训》体裁多样，为使读者窥全豹，各种体裁，尽量考虑选入。如法语类，选契嵩《尊僧篇》、孤山智圆《示学徒》、雪窦重显《壁间遗文》等；小参、示众、上堂类选《黄檗禅师示众》

《慈受深禅师小参》《无业国师上堂》等；训诫类选道安《遗诫九章》、中峰明本《诫闲》、月窟清禅师《训童行》等；箴铭类选慈恩窥基《出家箴》、月林师观《体道铭》、禅月贯休《座右铭》等。其余如序、记、回向文等，各选若干篇。这样大体上可以看出原书的风格、体裁，使未见原书者，不致有遗珠之憾。

第三，注意派别、时代的广泛性。上文已说到，《缁门警训》有较强的禅教合一、禅净合一倾向，虽其编者皆属禅门，原书所选大部分是各门派禅师的作品，但律宗、天台宗、净土宗、法相宗人的作品，都有选入。本书尊重原书这一原则，故节选时，注意流派的广泛性。这样做的目的，是为了体现佛教的丰富内容，适应现代读者兼容并包的特点。

本书所选作者，有属于天台宗的智圆，律宗的终南道宣、大智元照，先学天台又宗净土的桐江择瑛，禅门净土兼宗的智觉延寿、长芦宗赜，涅槃师之北周道安，法相宗之窥基等。有数篇者，择其警切者选入，只有一篇者，为体现学派的广泛性，也尽量选入。禅宗一花五叶，后人叹为宗门之盛，本书对体现不同禅风者，也尽量选入，以见佛门遗产的丰富。

原书所选，宋代作品最多。本书选材时，尽量照顾时代性，使看出各时代佛教特点的不同。如北周道安、唐贯休、无业等，作品虽不多，尽量考虑选入。

第四，注意意志的锻炼和知识的培养。本书对原书中鼓励僧人特别是童行、小师等修行者勿贪图安逸、立志修道、力戒骄娇二气，培养艰苦奋斗的创业精神的篇章，所选较多，因为此类警语对现代大众最易产生影响。本书这样做的目的，为的是使现代人特别是青年人从中吸取立身做人的资养，达到僧俗同警。

第五，注意儒释合一这一特点。儒释合一是明代佛教的一个突出特点。《缁门警训》体现了这一特点。本书所选，突出这一特色，在内容上叙述儒释合一或有此倾向的，多所选用。对于著名居士及同情、归向佛教的文人学士的文章，亦多选入。如孤山智圆《勉学》，右街赞宁《勉通外学》《三教总论》，司马光、白居易之赞偈,《宋文帝集朝宰论佛教》等。使现代人了解中国佛教与中国本土文化的关联及中国传统思想对佛教的吸收与融会。

以上是本书节选时遵循的几点原则。另外本书未选部分的情况，应在这里作一说明。

未选部分的概况

未选部分的体裁，和已选部分一致。因篇幅所限，同类文只选最精切者。如坐禅铭，就有佛心本才、长芦宗赜、龙门佛眼、鹅湖大义等著名禅师的作品。本书只选长芦宗赜《坐禅仪》，因为它比其他各篇更精到地述说了坐禅的目的、方法及应该注意的事项。

而未选的佛心本才《坐禅仪》，也是一篇妙文。其中说："夫坐禅者，端心正意，洁己虚心，叠足跏趺，收视反听；惺惺不昧，沉掉永离；纵忆事来，尽情抛弃；向静定处，正念谛观。"此语甚精当。本书所选，尽量保持原文的完整性，有的因为篇幅太长，只好割舍。如《沩山大圆警策》，甚是有名，多种警策类书都选了这篇。文章从人受身形累谈起，劝诫僧人以有限时光，了无限事业。僧家戒律，细细道来；尘世魔怖，件件分析。僧人所担道义，所择途径，皆有深切阐说。但因篇幅过长未选。又如禅宗东土三祖僧璨之《信心铭》，其中"至道无难，唯嫌拣择；但莫憎爱，洞然明白"句，非常有名，但因整篇铭文文字稍嫌艰涩，所以未选。

另一类是就僧物歌咏言志的，因僧物与一般大众较为隔膜，所以不选。如原书中有颂三衣、袈裟、钵盂、坐具、漉囊的偈、文二十余篇，皆未选。大智照律师之《漉囊赋》说："吾有漉囊，制造有方。致练作底，熟铁为匡。……宜知我佛仁慈，尚不遗于微物；将使吾曹饮用，得幸免于余殃。"漉囊本为僧家滤去饮用、盥漱、沐浴之水中小虫免受伤害之具，为僧家独有之物，故不选。《锡杖赋》《坐具赋》皆仿此例。

又如一些过于强调毁身坏体就可得道的，可能引起僧俗偏离中道的知见，也不选。

还有一类为僧俗个人发愿文，多为一时一地之愿，愿心多是具体的，针对个人过恶的，此类文甚多。如怡山然禅师、天台智圆、荆溪湛然、黄庭坚皆有发愿文，因所发愿心较少普遍性，所以不选。如智圆之忏悔文：

“我念自从无始劫，失圆明性作尘劳，出生入死受轮回。……耽淫嗜酒愈荒迷，慢佛轻僧谤大乘。背义孤亲毁师长，文过饰非扬己德。”所以他在发愿文中说：“我如再食众生肉，饮酒行淫作重非，现身生陷大阿鼻，万劫洋铜吞热铁。”此类文显然不如正面讲道理的文字更亲切，更有诱引大众从善的意义，故不选。

另外，《缁门警训》原书辑有书信十余封，大部分是僧人和居士间的通信。本书选三封。未选部分有的是讨论僧物形制的，如大智照律师与宗本讨论“三衣”名称及尺寸。有的讨论佛经细节，如《大慧禅师答孙知县书》（《缁门警训》卷八）讨论佛经中的名词翻译问题。此皆与警策训诫题旨相去较远，亦未选。

以上是本书未选部分的概略。

关于作者

上文已述,《缁门警训》原名《缁林宝训》，仅一卷，宋代择贤辑，元代永中对它进行了增补，改题《缁门警训》，明代成化年间，如巹又将永中辑本加以续补、重编，成为现在通行的版本。择贤和永中的事迹，由于文献缺乏，现已难以详考。

如巹，号密庵，俗姓姜，浙江嘉兴人，生于明成祖永乐二十一年（公元一四二三年），少依仪征真如寺维公出家，参学杭州西湖修吉山之空谷景隆得悟，并嗣其法。后长住嘉禾真如寺，世称嘉禾如巹。年四十六岁时，其师迁化，如巹也大病一场，此后专心净土，提倡念佛法门。曾数以米一粒念佛一声，如此积米二百斛。如巹于成化六年（公元一四七〇年）编完《缁门警训》，于弘治二年(公元一四八九年)编集完成禅宗史书《禅宗正脉》十卷。

当时著名居士邹翰曾在《禅宗正脉》序言中说，如巹参学空谷景隆，于虎林得旨，随即韬光于嘉禾之真如寺，四海龙象望风向慕，前来参礼者户履常满。如巹看到《五灯会元》机缘险峻，上根之人，当下便能领悟。而中下根人，徒见武库琳琅满目，不知从何下手，常因错会机缘而谬以千里。于是选其中利于初学者，编为一集。以梦中神僧所教，题名为《禅宗正脉》。可见，《禅宗正脉》实际上是《五灯会元》的删节本，篇幅较为适中。但《五灯会元》已经是《景德传灯录》《天圣广灯录》等五种灯录的节选本，流传甚广，影响甚大。而《禅宗正脉》将其中大部截去，使诸宗传承或有中断，许多重要机缘语句、僧人行事亦没有采入，使人有未窥全豹之憾。加之刻印后流传不广，发生的作用远不如《五灯会元》那样大。

如卺在《禅宗正脉》自序中，讲到读此书的方法，分十七法介绍，每法以一禅师语句为例证，有“有事商量”“深究洪规”“得个入实”“渐有开廓”“常习坐禅”“随宜参用”等名目。从这里大略可以看出如卺的禅风。

如卺平生用心较多的是《五灯会元》，并熟悉各种僧史僧传。晚年专心净土念佛，这明显地是受他的师父景隆的影响。景隆是明代中期一位著名僧人，生前身后都比如卺影响大得多。生于洪武二十六年（公元一三九三年），字祖庭，号空谷，姑苏洞庭鼋山人，俗姓陈。年十九，以弁山白莲寺懒云和尚参学，二十八岁在苏州虎丘出家。居灵隐寺七年，刻苦参究。机辩峻拔，并贯通儒释，提倡禅净双修。《皇明名僧辑略》《续武林西湖高僧事略》《补续高僧传》《续灯正统》等书中皆有传记。

经

典

1　明教嵩禅师尊僧篇

原典

明教嵩禅师[1]尊僧篇

教必尊僧。何谓也？僧也者，以佛为姓，以如来为家，以法为身，以慧为命，以禅悦为食。故不恃俗民，不营世家，不修形骸，不贪生、不惧死，不溽乎五味。其防身有戒，摄心有定，辨明有慧。

语其戒也，洁清三惑而毕身不污；语其定也，恬思虑、正神明而终日不乱；语其慧也，崇德辨惑而必然。以此修之之谓因，以此成之之谓果。其于物也，有慈有悲，有大誓有大惠。慈也者，常欲安万物；悲也者，常欲拯众苦；誓也者，誓与天下见真谛；惠也者，惠群生以正法。神而通之，天地不能掩；密而行之，鬼神不能测。

其演法也，辩说不滞；其护法也，奋不顾身。能忍人之不可忍，能行人之不能行。其正命[②]也，丐食而食而不为耻；其寡欲也，粪衣缀钵[③]而不为贫；其无争也，可辱而不可轻；其无怨也，可同而不可损。以实相待物，以至慈修己。故其于天下也，能必和，能普敬。其语无妄，故其为信也至；其法无我，故其为让也诚。有威可警，有仪可则，天人望而俨然。能福于世，能导于俗。

其忘形也，委禽兽而不怪；其读诵也，冒寒暑而不废。以法而出也，游人间，遍聚落。视名若谷响，视利若游尘，视物色若阳艳[④]。煦妪[⑤]贫病、瓦合舆儓[⑥]，而不为卑；以道而处也，虽深山穷谷，草其衣、木其食，晏然自得。不可以利诱，不可以势屈，谢天子诸侯而不为高。

其独立也，以道自胜，虽形影相吊而不为孤；其群居也，以法为属，会四海之人而不为混。其可学也，虽三藏十二部、百家异道之书无不知也，他方殊俗之言无不通也。祖述其法，则有文有章也；行其中道，则不空不有也。其绝学也，离念清净，纯真一如，不复有所分别也。

僧乎，其为人至，其为心溥，其为德备，其为道大。其为贤，非世之所谓贤也；其为圣，非世之所谓圣也，出世殊胜之贤圣也。僧也如此，可不尊乎？

注释

①**明教嵩禅师：**名契嵩，宋代云门宗僧，藤州镡津（今广西藤县）人，七岁出家，十三岁剃发，十九岁游方，于洞山晓聪处得法。精通内外典籍，主张儒佛一致之说。宋仁宗赐号明教大师。因曾居钱塘佛日山，故又称佛日禅师。有《镡津文集》二十卷。

②**正命：**八正道之一。佛门弟子依从正法，远离咒术、占卜等五种谋生方法，如法求取衣服、饮食等生活资财，称为正命。比丘为延续法身慧命而行之乞食，称为正命食。

③**粪衣缀钵：**粪衣，又称粪扫衣。火烧、牛嚼、鼠啮、死人衣服等，天竺人弃置于巷野，与拭粪之污物同，故名粪扫衣。僧人拾取，洗净缝缀，作为外衣。穿粪扫衣是佛教十二头陀行之一，也是四圣行之一。为破除对衣服的执着，也可不用穿施主施用的衣服。缀钵，补缀之钵。《法苑珠林》载，罗睺罗为佛洗钵于龙池，钵碎为五片，佛亲为补缀，称为五缀钵。这里指破敝之钵。

④**阳艳：**又作阳焰，指器世间其实无有，为心所变现之幻象。犹如阳光照耀之沙尘，闪烁如光焰，而其实

无有。

⑤**煦妪：**语出《礼记》，意谓抚养长育。

⑥**瓦合舆儓：**瓦合，意谓宽大含容，不立异以与众人亲合。舆儓，指地位低贱之人。

译文

佛教必须尊重僧人。为什么？这是因为，僧人以释迦为姓氏，以如来为归宿，以如来教法为资养色身，以佛慧为生命，以修禅所得到的快乐为精神食粮。所以不仰仗世俗之人，不经营世俗家庭，不追求肉体长生，不贪恋生命，不畏惧死亡，不耽溺美味。他有戒律来检束行为，有禅定来收摄身心，有佛慧来分辨事物。

所谓戒律，指清除贪嗔痴三种迷惑，终生不受其染污；所谓禅定，指恬静思虑、整肃精神，终日不昏乱；所谓佛慧，指崇尚德行，辨明迷惑，使自己合于道理。以此修行叫作因，以此成就叫作果。僧人对于物有慈有悲，有大誓愿有大嘉惠。所谓慈，就是常想着使万物各安其位；悲，就是常想着拯救众生的苦难；誓愿，就是立誓与天下人共见真谛；嘉惠，就是给众生以正法。神妙而贯通，天地不能掩藏；不知不觉中实行，鬼神不能测度。

他演说正法滔滔雄辩，了无滞碍；他呵护正法奋不顾身。能够忍受一般人不能忍受的，能够践行一般人不能践行的。他求取饮食的正确方法是行乞而食，不以此为耻；他减损欲望，以脏污破布缝缀衲衣为衣服，以破敝的钵盂盛食物，不以此为贫；他与世无争，可侮辱而不可轻慢；他无有怨恨，可以类同而不能损害。他以万物之真实体相看待万物，以最高的慈悲为宗旨来修养自己。所以对于天下人能切实和调，普遍爱敬。他不说假话，所以最受人相信；他提倡无我，所以真诚谦让。他有威严可以警戒，有规则可以遵守，天人望见的他是整肃庄严的。他能给世人带来福祉，能化导世人。

他能忘掉形骸，与禽兽相处而不惊怪；他诵读经文，冒酷暑严冬而不荒疏。他按僧人的规矩出游，与世人交接，走遍居处村落。把虚名视为山谷中的回声，把私利看作浮游的微尘，把万物视作幻象。抚养长育贫病之人，与低贱之人相处，而不以为卑下；以道自处，虽深山穷谷，以草叶为衣，野果为食，仍安然自得。不可以用利益引诱，不可以用威势屈服，远离天子诸侯而不自以为高洁。

他独立不依，以道自娱，虽形影相吊而不为孤单；他合群而居，以佛门规矩托身，虽合会四海之人而不与之混同。他可以学习，佛教之三藏十二部经典、诸子百家、不同道门的书无不知，不同地方的风俗语言皆可晓。尊崇引述前辈的教义，则有华美的文章；按不二中道践行，则不偏于空有二边。他也可以弃绝一切学问，无念可住，保持自性清净、纯真自然的本体，不复有所分别。

僧人呀，他是人中最高贵的，他心胸广博，他德行周备，他所行的道是伟大的。他是贤人，但不是世俗所谓贤人；他是圣人，但不是世俗所谓圣人。他是出世的最高的圣贤。僧人这样，能不尊敬他吗？

2　孤山圆法师示学徒

原典

孤山圆法师[①]示学徒

於戏！大法下衰，去圣逾远。披缁虽众，谋道尤稀。竞声利为己能，视流通为儿戏。遂使法门罕辟，教网将颓。实赖后昆，克荷斯道。汝曹虚心请法，洁己依师。近期于立身扬名，远冀于革凡成圣。发挥像法，舍子而谁？

故须修身践言，慎终如始。勤尔学问，谨尔行藏。避恶友如避虎狼，事良朋如事父母。奉师尽礼，为法亡躯。有善毋自矜，起过务速改。守仁义而确乎不拔，处贫贱则乐以忘忧。自然与祸斯违，与福斯会。岂假相形[②]问命，谄求荣达之期，择日选时，苟免否屯之运[③]。此岂沙门之远识？实惟俗子之妄情。

宜乎见贤思齐，当仁不让。慕雪山[④]之求法，学善财[⑤]之寻师。名利不足动于怀，死生不足忧其虑。倘功成而事遂，必自迩而涉遐。不沽名而名自扬，不召众而众自至。智足以照惑，慈足以摄人。穷则独善其身，达则兼善天下。使真风息而再振，慧炬灭而复明。可谓大丈夫焉，可谓如来使矣。岂得身栖讲肆，迹混常徒。在秽恶则无所间然，于行解则不见可畏。以至积习成性，自灭其身。始教慕彼上贤，终见沦于下恶。如斯之辈，诚可悲哉！《诗》云："靡不有初，鲜克有终。"斯之谓矣。中人以上，可不诫欤？抑又戒慧分宗，大小异学。悉自佛心而派出，意存法界以同归。

既而未晓大猷，于是各权所据。习经论，则以戒学为弃物；宗律部，则以经论为凭虚。习大法者，则灭没小乘；听小乘者，则轻毁大法。但见人师偏赞，遂执之而互相是非；岂知佛意常融，苟达之而不见彼此。应当互相成济，共熟机缘。其犹万派朝宗，无非到海；百官莅事，咸曰勤王。未见护一派而拟塞众流，守一官而欲废庶绩。

原夫法王之垂化也，统摄群品，各有司存。小律比礼刑之权，大乘类钧衡之任。营福如司于漕挽，制撰若掌于王言。在国家之百吏咸修，类我教之群宗竞演。果明此旨，岂执异端！当须量己才能，随力演布。性敏则兼学为善，识浅则颛门是宜。若然者，虽各播风猷，而共成慈济。同归和合之海⑥，共坐解脱之床。夫如是，则真迷途之指南，教门之木铎⑦也。居乎师位，谅无惭德；趣乎佛果，决定不疑。汝无矜伐小小见知，树立大大我慢⑧，轻侮先觉，荧惑后生。虽云听寻，未补过咎。言或有中，汝曹思之。

注释

①**孤山圆法师：**名智圆，宋代天台宗山外派大师。钱塘（今浙江杭州）人，字无外，号潜夫，又号中庸子。初习儒学，能诗文，八岁于钱塘龙兴寺出家，后依奉先寺源清习天台宗教观。数年后离群索居，研考经论，阐述山外派学说，并与山家派四明知礼展开辩论。但一般以知礼之说为天台正统，排斥山外之说。于是隐居于西湖孤山，闭门读书。通周、孔、孟、荀、扬雄、王通之书，常谓以儒修身，以释治心，欲调和儒释道三教。宋徽宗敕赐“法慧大师”。撰有多种经疏。

②**相形：**指根据相貌形体测度吉凶的人，如麻衣相士之类。

③**否屯之运：**否和屯是《周易》中的两个卦名。否

指不通顺，屯指险难。否屯之运指命运不佳。

④**雪山**：释迦牟尼在过去世修菩萨行时名雪山大士，又称雪山童子、雪童。

⑤**善财**：即善财童子，为《华严经》中的求道菩萨。据《华严经·入法界品》载，善财童子遍求法门要义，先后历一百一十城，参五十三位善知识，遇普贤菩萨而成就佛道。

⑥**和合之海**：佛教术语，指僧家各宗派调和为一，犹如大海容纳百川而成一味。

⑦**木铎**：木舌的铃，古代传布命令的人手摇此铃，后比喻宣扬教化的人。

⑧**我慢**：佛教名词，四根本烦恼之一，意谓高抬自我，轻慢他人。

译文

啊呀！大法到后世衰落了，离圣人越来越远。现在披袈裟的虽然多，但修行道业的人不多。争竞名利，以为己之能事，交结官吏，视为家常便饭。于是法门不能光大，佛教即将衰微。确实仰赖后辈僧人担承此道。希望你们虚心学习教义，纯洁自己，依止师门。近希望立身扬名，远希望革除凡身，成就圣人。弘扬佛教，除了你们还靠谁呢？

所以必须修养身心，践行誓言，终生谨慎如初始。勤勉学习，检点行为。避开恶友如同避开虎狼，事奉良友如同事奉父母。服侍师父要尽礼，为教义可以捐弃生命。有了长处不要自高自大，有了过错必须尽速改正。持守仁义，牢固不可改变，处贫贱之时，保持乐观，忘掉忧愁。这样自然远离祸端，招来福祉。何必向看相者卜问命运，何时能尊荣显达，怎样能免祸消灾。这难道是僧人的远大识见？不过是俗人的迷妄之情罢了。

应该向好的学习，遇应做之事不退避。羡慕释迦牟尼对大道的追求，学习善财童子广泛求师问道。名利不足以打动他的心怀，死生不足以使他忧虑。如果能成就功业，那必定是自近及远。不赚取虚名而名声自扬，不招徕徒众而徒众自来。智慧足以洞明疑惑，慈悲足以感动别人。穷困则独善其身，通达则使天下人皆得利益。使已平静的佛教真风再度吹起，使已熄灭的智慧火炬再现光明。这才是大丈夫，这才是如来的使者。怎能身在佛法讲堂之上，而混同于一般世俗人。在污秽丑恶中而不知出离，对于自己的思想行为不能警惕。以至于习惯积累成为常性，最后毁灭自己。初时教他羡慕贤智之人，最终却见他沉沦于恶人之行。这样的人可真悲哀！《诗经》里说：“无不有开始，而很少有好的终结。”说的就是这种情况。中等以上才识的人，能不引起警惕吗？又有一种情况，修戒律的和修禅慧的断然分为不同的宗派，大乘和小乘也成为不同的学派。修戒修慧、大乘小乘都是从佛祖的本地心源所演绎出的，法门虽殊，但殊途同归。

后来有的人不明佛法宏旨，于是以自己所依持的义理作为根据。修习经论义理的，则以戒律为不必学；学戒律的，则以经论义理为不足凭借。修习大乘的，则掩灭小乘；修习小乘的，则轻视诋毁大乘。只见自己宗派师父的一偏之见，于是执持而互相攻击，哪里知道佛法是贯通的！如果明了这个道理，则可不分彼此。应当互相帮助，使彼此机缘更趋上乘。犹如万条江河，尽皆归海；百官皆司其职，都是为皇帝办事。未见袒护一江河而塞断众流，守一职事而抹杀百官的功绩。

根究释迦佛化导众生的原意，在包容万类，使各有其职责。学戒律的好比负责礼仪刑罚，学大乘的好比调剂各职司使均衡。祈祷福祉好比负责漕运，撰写著作好比记载皇帝言论。一个国家，百官各努力尽职，好像我佛教中各宗派都研习其义。如果真能明白这个道理，就不会各执一偏之见！应该掂量自己的才能，随自己力量大小去修习。资性聪慧的应该兼学多宗教义，见识浅陋的应该专攻一门。如果能做到这样，虽然各呈现自己的道术，而共同成就慈渡之航，同归和合之海，共同得到解脱。这真是迷途中的指南针，教门中的导师。以这种宗旨居于师位，大概不会有道德上的污缺；追求成佛正果，肯定不成问题。希望你们不要自满于小小见识，招致我慢之大病，以致轻视侮辱先知，迷惑后人。虽听佛法而寻大道，也不能弥补这样的大过失。我这些话或许不无道理，希望你们深思。

3 孤山圆法师勉学

原典

呜呼！学不可须臾怠，道不可须臾离。道由学而明，学可怠乎？圣贤之域，由道而至，道可离乎？肆凡民之学，不怠可以至于贤；贤人之学，不怠可以至于圣。

冉求之学，可以至于颜渊，而不逮具体[①]者，中心怠耳。故曰："非不说子之道，力不足也！"子曰："患力不足者中道废，今汝画。"颜渊之学可以至于夫子，而不齐于圣师者，短命死耳。如不死，安知其不如仲尼哉？以其学之不怠也，故曰："有颜氏子好学，不幸短命死矣。今也则亡。"

或问："圣人学耶？"曰："是何言欤！是何言欤！"凡民与贤犹知学，岂圣人怠于学耶？夫天之刚也，而能学柔于地，故不干四时焉。地之柔也，而能学刚于天，故能出金石焉。阳之发生也，而亦学肃杀于阴，故靡草死焉。阴之肃杀也，而亦学发生于阳，故荠麦生焉。夫为天乎地乎阳乎阴乎，交相学而不怠，所以成万物。天不学柔则无以覆，地不学刚则无以载，阳不学阴则无以启，阴不学阳则无以闭。圣人无他也，则天地阴阳而行者。四者学不怠，圣人恶乎怠！

或者避席曰："予之孤陋也，幸子发其蒙，愿闻圣人之学。"中庸子曰："复坐，吾语汝。《书》不云乎：'惟狂克念作圣，惟圣罔念作狂。'是故圣人造次颠沛，未尝不念正道而学之也。夫子大圣人也，拔乎其萃，出乎其类，自生民以来，未有如夫子者。入太庙，每事问，则是学于庙人也；三人行，择其善者而从之，则是学于偕行也；入周则问礼于老子，则是学于柱史也。岂仲尼之圣不若庙人、行人、柱史[②]耶？盖圣人惧夫不念正道而学之，则至于狂也矣。故曰：'必有如丘之忠信焉，必不如丘之好学也。'"

曰："圣人生而知之，何必学为？"曰："知而学，圣人也；学而知，常人也。虽圣人、常人，莫有不由于学焉。孔子曰：'君子不可不学。'子路曰：'南山有竹，不柔自直。斩而用之，达乎犀革。'以此言之，何学之有？孔子曰：'栝[③]而羽之，镞[④]而砺之，其入之不亦深乎？'

子路再拜曰：'敬受教矣。'噫！圣人之学，无乃栝羽镞砺使深入乎？岂生而知之者，兀然不学耶？"

注释

①**不逮具体：**具体而微。是说冉求的学问虽不错，但却未能达到像颜回那样渊博。

②**柱史：**柱下史之省称。相传老子曾做过周柱下史官，柱下、柱史皆指老子。

③**栝：**箭杆尾部扣弦处。

④**镞：**箭头。

译文

哎呀！学不能一会儿懈怠，道不能片刻违离。道由学而显明，学可以懈怠吗？圣贤的境界，是由学道而达到的，道可以违离吗？从事一般世间的学问，必须不怠惰才可以达到贤人；从事贤人的学问，也要不怠惰才可以达到圣人。

冉求的学问，本来可以达到颜回那样的程度，而没有达到颜回那样，是由于他心中怠惰。所以《论语》中冉求说："并不是不宣扬您的学说，而是力量不足啊！"孔子说："怕力量不足的人会做到中间就停止，而你现在是画地自限根本不想去做。”颜回的学问可以达到孔子那样，而最终没有同孔子并肩而立，是因为寿短而中年即夭亡。若不是他早死，怎能断定他不如孔子呢？因为他学不懈怠，所以孔子说：“颜家男儿好学，不幸短命死了。现在没有这样的人了。”

有人问：“圣人还需要学习吗？”孔子说：“这是什么话！这是什么话！”一般人和贤人尚且知道学，难道圣人还会怠惰不成！天的性质是刚，但它能学地的柔，所以四时不混乱。地的性质是柔，但它能学天的刚，所以能出产金石。阳的性质是生长，但它能学阴的肃杀，所以草有的在夏天死。阴的性质是肃杀，但它能学阳的生长，所以冬麦在冷时生长。作为天、地、阴、阳，互相学习而不怠惰，所以成就万物。天不学柔则不能覆盖万物，地不学刚则不能承载万物，阳不学阴则不能开显，阴不学阳则不能闭藏。圣人没有别的窍门，学习天地阴阳而实行。天地阴阳四者尚且学习而不怠惰，圣人怎么会怠惰呢！

有人离席起立说：“我孤陋寡闻，承您启发愚蒙，愿听您所说的圣人之学。”中庸子说：“你坐下，我给你说。《尚书》不是说吗：‘狂人克制自己的念头可以成圣人，圣人不克制自己的念头则为狂人。’所以圣人即使处在仓皇忙乱、颠沛流离之际，也未尝不思正道而学。孔子是大圣人，出类拔萃，自有人以来没有像孔子这样的人。他进入太庙，问每一件事情，这是向管理宗庙的人学习；三人行，必定有我的老师，选择他好的方面学习，这是向同行的人学习；到了周天子那里，则向老子问有关礼的事，这是向老子学习。难道孔子之圣还不如看管宗庙的、行路之人、老子吗？这是因为孔子害怕天下人不学正道，成为狂人。所以孔子说：'一定有像我孔丘这样忠信的人，但是没有像我这样好学的人。'"

这人问："圣人是天生的，何必学习呢？"我回答说："知道了仍然要学习，这是圣人；从学习中得到知识，这是一般人。虽是圣人、一般人，莫不是由学习而达到的。孔子说：'君子不可以不学。'子路说：'南山有竹子，不用揉它就是直的。斩断它来用，可以刺穿犀牛皮制的革。'从这里看，哪里用得着学呢？孔子说：'箭杆尾部绑上羽毛，磨得尖尖的箭头，它射中人不也深吗？'子路再拜说：'恭敬地接受您的教诲。'噫！圣人之学，不也好比箭杆尾部绑上的羽毛、磨得尖尖的箭头，这样使它射中人的时候射入得深吗？难道生而知之的人竟然不学习吗？"

4　长芦慈觉赜禅师坐禅仪

原典

长芦慈觉赜禅师[①]坐禅仪

学般若菩萨，先当起大悲心，发弘誓愿。精修三昧[②]，誓度众生，不为一身独求解脱。尔乃放舍诸缘，休息万事，身心一如，动静无间。量其饮食，不多不少；调其睡眠，不节不恣。欲坐禅时，于闲静处厚敷坐物，宽系衣带，令威仪齐整，然后结跏趺坐。先以右足安左髀上，左足安右髀上；或半趺坐亦可，但以左足压右足而已。次以右手安左足上，左掌安右掌上，以两手大拇指面相拄，徐徐举身前向，复左右摇振。乃正身端坐，不得左倾右侧，前躬后仰，令腰脊头项骨节相拄，状如浮屠[③]。又不得耸身太过，令人气急不安。要令耳与肩对，鼻与脐对，舌拄上颚，唇齿相着。目须微开，免致昏睡。若得禅定，其力最胜。

古有习定高僧，坐常开目。向法云圆通[4]禅师亦诃人闭目坐禅，以为黑山鬼窟[5]。盖有深旨，达者知焉。身相既定，气息既调，然后宽放脐腹，一切善恶都莫思量。念起即觉，觉之即失。久久忘缘，自成一片。此坐禅之要术也。

窃为坐禅乃安乐法门，而人多致疾者，盖不善用心故也。若善得此意，则自然四大[6]轻安，精神爽利，正念分明，法味[7]资神，寂然清乐。若已有发明者，可谓如龙得水，似虎靠山；若未有发明者，亦乃因风吹火，用力不多。但辨肯心，必不相赚。然而道高魔盛，逆顺万端。但能正念见前，一切不能留碍。如《楞严经》、《天台止观》、圭峰《修证仪》[8]，具明魔事。预备不虞者，不可不知也。

若欲出定，徐徐动身，安详而起，不得卒暴。出定之后，一切时中，常依方便，护持定力[9]如护婴儿，即定力易成矣。夫禅定一门，最为急务。若不安禅静虑，到这里总须茫然。所以探珠宜静浪，动水取应难。定水澄清，心珠自见。故《圆觉经》云："无碍清净慧，皆依禅定生。"《法华经》："在于闲处修摄其心，安住不动如须弥山。"

是知超凡越圣，必假静缘；坐脱立亡，须凭定力。一生取办，尚恐蹉跎，况乃迁延，将何敌业？故古人云："若无定力，甘伏死门。掩目空归，宛然流浪。"幸诸禅友，三复斯文，自利利他，同成正觉。

注释

①**长芦慈觉赜禅师：** 名宗赜，宋代净土宗、云门宗僧。襄阳人。幼年即有大志，修习儒业，博通世典。二十九岁出家，依从真州长芦寺圆通法秀，后就广照应夫参叩禅旨。曾作劝孝文一百二十篇，阐述世间、出世间孝道。又仿效庐山白莲社，建莲花胜会。普劝道俗念佛号，日记其数，期生净土。著有《禅苑清规》《坐禅箴》等多种。谥号"慈觉大师"。

②**三昧：** 梵语音译，又作三摩地，意译等持、定、正定，即将心定于一处或一境的一种安定状态。佛教认为，达三昧的状态时，即起正智慧而开悟真理。

③**浮屠：** 又作浮图，即佛塔。

④**法云圆通：** 名法云，圆通是他的号。宋代云门宗僧，嗣法天衣义怀。因住汴京法云寺，故又称法云法秀。大慧宗杲之《宗门武库》记有关于他的逸事数则。《五灯会元》卷十六有传。

⑤**黑山鬼窟：**禅林用语。《俱舍论》载，南赡部洲之北，有三重黑山，其地暗黑，为恶鬼栖止之处。禅林用此转喻执着情识与分别作用，有如陷于黑山之暗穴，无法动弹。

⑥**四大：**古印度认为地、水、火、风为构成一切物质的四种元素，称四大。佛教认为人身也由四大构成，故人身也称四大。

⑦**法味：**妙法的滋味。咀嚼妙法而心生欢乐，所以称为法味。

⑧**圭峰《修证仪》：**圭峰，名宗密，世称圭峰大师。我国华严宗第五祖。唐代果州(今四川南充)人。元和间，赴京师应贡举，听道圆和尚说法，乃随其出家，后入澄观门下，学华严教。又入终南山智炬寺，遍览经藏。再迁至草堂寺，专事诵经修禅。著作丰多，最重要的有《禅源诸诠集都序》，提倡教禅一致。另有《原人论》，以佛教立场简要论述儒道著作，此书流传极广。另有经疏多种。谥号“定慧禅师”。修证仪是为证理而修行的仪则，古来此类著作甚多，而以宗密之《圆觉经修证仪》十八卷最为闻名。

⑨**定力：**止息散乱之心，归于寂静之禅定力。有此定力，不论遭遇任何境地，均能如如不动。

译文

学智慧心的菩萨，首先应当起大悲心，发大誓愿。精勤修习三昧，立誓救度众生，不能为自己一身独求解脱。然后舍弃一切诸缘，断绝一切事物，身心为一，动静不二。吃饭要根据自己的饭量，不能多也不能少；要调节睡眠，不减少也不贪睡。要坐禅的时候，在闲静的地方，厚厚地铺上坐垫，解宽衣带，使仪表整齐，然后结跏趺坐。先把右脚放在左大腿上，再把左脚放在右大腿上；或半趺坐也可以，即只用左脚压在右脚上。再把右手放在左脚上，左手掌放在右手掌上，两手大拇指相对倚拄，慢慢把身体向前，然后左右摇动。于是正身端坐，不能左右倾斜，前躬后仰，使腰、脊、头、脖子骨节相拄，形状像佛塔。又不能耸身太过，令人呼吸急促不安。要使耳朵与肩膀相对，鼻子与肚脐相对，舌头顶住上腭，嘴唇牙齿靠住。眼睛要微微睁开，免得昏昏睡去。若能够达到禅定状态，它的力量最大。

古时候有修习禅定的高僧，坐禅时常睁着眼睛。过去法云圆通禅师也呵斥人闭着眼睛坐禅，以为是黑山鬼窟。这里有深刻的意旨，只有通达的人才知晓。身体的形状既已安定，气息既已调和，然后放松腹部，一切善恶都不要想。念头一起，马上知觉，知觉后念头即消失。

时间长了，就会忘掉外缘，自然打成一片。这是坐禅的要术。

我以为坐禅乃是安乐法门，但许多人竟因此得病，这是因为不善用心的缘故。如果善于领会此中意思，自然身体轻松安泰，精神爽利，正念分明，妙法的滋味资养精神，寂然清净快乐。如果因此而有更多开悟，那可以说如龙得水，如虎靠山；如果没有更多开悟，也是顺风吹火，不用花太多力气。只要有虔诚的愿心，它必不会骗人。但道高魔亦盛，或顺或逆，各不相同。只要正念现前，一切皆不能滞留于心中妨碍正念。比如《楞严经》《天台止观》、圭峰宗密大师的《圆觉经修证仪》中，都载明心魔之事。准备应付预料不到的事的人，不可不知这一点。

如果想出定，慢慢扭动身体，安详地起来，不可猛然起立。出定之后，一切时中，常依随方便，护持禅定所得之力如保护婴儿一般，这样，禅定之力就容易养成。禅定这一门，是修习中最重要的。如果不修禅定，安定心身，清净思虑，到这里一定是茫无所措。所以取水中珠须浪静，水动必然难取。禅定像水一样清净，心中之珠自然显现。所以《圆觉经》说："清净无碍的智慧，都是从禅定产生的。"《法华经》说："于寂静的地方收摄心念，安住不动，像须弥山一样。"

由此知道，超凡越圣的人必借清净这个因缘；坐立之间脱离染污的妄念，必须凭借定力。终生从事，尚且恐怕白白过去，何况拖延的人，拿什么去抵敌你造的业？所以古人说：“如果没有禅定之力，甘愿伏身死门。掩闭眼目，空手归来，依然四处流浪。”希望各位禅友，多读几遍这篇文章，自利也利他人，共同成就正觉。

5　长芦慈觉禅师自警文

原典

神心洞照，圣默为宗。既启三缄[①]，宜遵四实。事关圣说，理合金文。方能辅翼教乘，光扬祖道，利他自利，功不浪施。

若乃窃议朝廷政事，私评郡县官僚，讲国土之丰凶，论风俗之美恶；以至工商细务，市井间谈，边鄙兵戈，中原寇贼，文章技艺，衣食货财。自恃己长，隐他好事，揄扬显过，指摘微瑕，既乖福业，无益道心。如此游言，并伤实德，坐消信施[②]，仰愧龙天。罪始滥觞[③]，祸终灭顶。何也？众生苦火，四面俱焚，岂可安然坐谈无义？

注释

①**三缄**：缄，封。三缄即三缄其口，喻说话谨慎小心。

②**信施**：信奉佛教的人的施食、施物等。

③**滥觞**：指江河发源处水极小，仅能漂起酒杯。

译文

神妙之心洞彻光明，缄默是它的宗旨。既要开口说话，应该遵从实闻实见。谈论应该是与佛法有关的，道理应该符合佛经所说。这样才能对弘扬佛法有所助益，才能发扬光大佛祖所传之道，也才能对别人有利，对自己有利，功不白白地浪费。

如果私下谈论朝廷政事，品评郡县官吏，讲说年成的丰歉，谈论风俗的美恶；以至于工商具体事务、市井乡曲杂谈、边疆的军事、中原的寇贼、文章的技法、衣食货财等。倚仗自己的长处，隐瞒别人的好事，张扬别人的过错，指摘别人的瑕疵，既不能造福业，又于道心无益。这样到处讲说会伤害诚实的德行，白白浪费掉信徒的施与，有愧于天地。这个罪孽开始时虽小，而招来的祸害却不小。为什么？众生在苦火中煎熬，怎么能安然坐谈无意义的东西呢？

6 蓝谷信法师释难文

原典

希颜首座，字圣徒，性刚果，通内外学[1]，以风节自持。游历罢，归隐故庐，迹不入俗。常闭门宴坐，非行谊高洁者莫与友也。名公贵人累以诸刹招之，坚不答。

时，有童行[2]名参已，欲为僧，侍左右。颜识其非器，作《释难文》以却之，曰：知子莫若父，知父莫若子。若予之参已，非为僧器。盖出家为僧，岂细事乎？非求安逸也，非求温饱也，非求蜗角利名也，为生死也，为众生也，为断烦恼、出三界海、续佛慧命也。去圣时遥，佛法大坏，汝敢妄为尔？《宝梁经》云："比丘不修比丘法，大千无唾处。"《通慧录》云："为僧不预十科[3]事，佛徒劳百载为之。"不难得乎？

以是观之，予滥厕僧伦，有诒于佛，况汝为之邪！然出家为僧，苟不知三乘十二分教④、周公孔子之道，不明因果，不达己性，不知稼穑艰难，不念信施难消；徒饮酒食肉，破斋犯戒，行商坐贾，偷奸博弈，觊觎院舍，车盖出入，奉养一己而已，悲夫！有六尺之身而无智慧，佛谓之痴僧；有三寸舌而不能说法，佛谓之“哑羊僧”；似僧非僧，似俗非俗，佛谓之“鸟鼠僧”，亦曰“秃居士”。

《楞严》故曰：“云何贼人，假我衣服，裨贩⑤如来，造种种业。非济世舟航也，地狱种子尔。”纵饶弥勒下生，出得头来，身已陷铁围百刑之痛，非一朝一夕也。若今为之者，或百或千至于万计，形服而已，笃论其中，何有哉！所谓“鸷翰⑥而凤鸣”也。碌碌之石非玉也，萧敷艾荣⑦非雪山忍草⑧也。於戏！佛海秽滓，未有今日之甚也。可与智者道，难与俗人言。

注释

①**内外学**：有关佛教之一切学问称内学，佛教之外的学问称外学。

②**童行**：禅寺中年纪小还没有剃度的少年。

③**十科**：又称十条，翻译佛经所应该具备的十种学

问，即（一）句韵，（二）问答，（三）名义，（四）经论，（五）歌颂，（六）咒功，（七）品题，（八）专业，（九）宗部，（十）字声。这里泛指僧人各门学问。

④**三乘十二分教：**载人到他的果地称为乘，即车乘。三乘有多种，其中大乘佛教所说之三乘最为流行，即（一）声闻乘，闻佛声教而得悟道；（二）缘觉乘，又作辟支佛乘，观十二因缘得悟真谛；（三）菩萨乘，又作大乘、如来乘，求无上菩提，愿度一切众生。前二乘唯自利，无利他，故总称小乘。菩萨乘自利利他具足，故为大乘。十二分教，即十二部经。十二部经为佛经的总称。

⑤**稗贩：**稗，小。稗贩即小贩。

⑥**鸷翰：**鸷，鹰隼一类猛禽。翰，山鸡。

⑦**萧敷艾荣：**萧即艾蒿。艾是一种草本植物。敷、荣皆草木茂盛意。

⑧**雪山忍草：**印度北部有雪山。雪山上有一种草，名叫忍辱，牛吃了它，可以挤出醍醐。见《涅槃经》卷二十七。

译文

希颜首座，字圣徒，性情刚毅果断，精通佛学和世典。持守风节，以此自奉。游历四方，归来后隐居旧地，足迹不入俗世。常常闭门宴坐，非德行高洁的人，不能与他做朋友。名公贵人屡次招他到各寺院去做住持，他都坚决不答应。

当时，有个名叫参已的童行，想做僧人，在他身边服侍。希颜看出这孩子不是此种根器，作《释难文》来拒绝他，文中说：父亲最了解儿子，儿子最了解父亲。我身边的参已，不是做和尚的材料。出家当和尚难道是小事情？不是为了求个安逸，不是为了求个温饱，不是为了求小名小利，而是为了生死大事，为了普度众生，为了断除烦恼、跳出三界、接续佛的慧命。现在离圣人的时代已经很远了，佛法大坏，你敢贸然出家吗？《宝梁经》说：“比丘若不修比丘之法，大千世界中无你吐唾液的地方。”《通慧录》说：“做和尚的不从事十种学问，佛祖不是徒劳百年吗？”这不是说做和尚很难吗？

从这里看，我在僧团里也是滥竽充数，欺骗佛祖，何况你呢！出家当和尚，如果不知道三乘十二部经的义理、周公孔子的学说，不明因果报应，不知道自己的本性，不知道种庄稼的艰难，不知道施主所施之物难以消受；只知道饮酒食肉，破坏斋戒，违犯戒律，像行商坐贾那样奸淫赌博，想着买房屋，出门坐豪华车子，奉养个人而已，那真悲哀呀！有六尺之身躯而没有智慧，佛称他为痴和尚；有三寸舌而不能说法，佛称他为“哑羊和尚”；似僧人非僧人，似俗人非俗人，佛称他为“鸟鼠和尚”，也称“秃居士”。

所以《楞严经》说：“哪里来的贼人，借我的衣服，裨贩如来，造种种业！不是普度众生的舟船，只是地狱种子。”即使弥勒下凡，救他出得头来，自己则陷入刑具包围之中，痛苦万分，不是一朝一夕能解脱的。像现在当和尚的，虽百人、千人、万人，只不过有和尚的样子，穿和尚的衣服而已，究其实际，他们有什么呢！真所谓“鹰隼山鸡学凤凰叫”。顽石不是美玉，萧艾不是雪山忍草。哎呀！佛海的秽滓，从来没有今天这样厉害。这些话可以跟智者说，难以和俗人言。

7　姑苏景德寺云法师务学十门（并序）

原典

玉不琢不成器，人不学不知道。余十有五而志于学，荏苒光景，倏忽老至。岁月既深，粗知其趣。翻叹畴昔，殊失斯旨，限迫桑榆[①]，学不可逮。因述十门，垂裕后昆，俾务学以成功、助弘教而复显云尔。

不修学无以成

《涅槃经》云："凡有心者，皆当得成阿耨多罗三藐三菩提。"何以故？盖为一切众生皆有佛性。此性虚通，灵明常寂。若谓之有，无状无名；若谓之无，圣以之灵。群生无始，不觉自迷，烦恼覆蔽，遗此本明。能生诸缘，枉入六趣[②]。由是大觉[③]悯物迷盲，设戒定慧三学[④]之法。其道恢弘，示从真以起妄；轨范群品，令息妄以归真。

若能信受佛语，随顺师学，乃驾苦海之迅航，则登圣道之梯隥。谁能出不由户？何莫由斯道焉！

不折我无以学

《说文》云："我，施身自谓也。"《华严》云："凡夫无智，执着于我。"《法华》云："我慢自矜高，谄曲心不实。"由执我见，憍慢贡高，不愧无智，妄自尊大。见善不从，罔受教诲；于贤不亲，去道甚远。欲求法者，当折我心，恭默思道，屈节卑礼，以敬事长，尊师重道，见贤思齐。

鸠摩罗什[⑤]初学小教，顶礼盘头达多[⑥]，此下敬上，谓之贤尊。盘头达多晚求大法，复礼鸠摩罗什，此上敬下，谓之尊贤。故《周易》曰："谦，德之柄也。"《书》云："汝惟不矜，自贤曰矜，天下莫与汝争能；汝惟不伐，天下莫与汝争功。"晏子[⑦]曰："夫爵益高者意益下，官益大者心益小，禄益厚者施益博。"子夏[⑧]曰："敬而无失，恭而有礼，四海之内皆兄弟也。"

不择师无以法

鸟之将息，必择其林；人之求学，当选于师。师乃人之模范。模不模，范不范，古今多矣。为模范者，世唯二焉：上则智慧博达，行业坚贞，犹密室灯光彻窗隙；次乃解虽洞晓，行亦藏瑕，如犯罪人持灯照道。斯二高座，皆蕴师法。其如寡德适时，名而不高。望风依附，毕世荒唐。

东晋安师[9]，十二出家，貌黑形陋，师轻视之，驱役田舍。执劳三年，方求师教授《辨意经》。执卷入田，因息就览。暮归还师，经已暗诵。师方惊叹，乃为剃发。至受具戒，恣其游学。投佛图澄[10]，见以奇之："异哉小童！真世良骥。"不遇青眼[11]，困驾盐车[12]。自非伯乐，奚彰千里之骏？故出家者，慎宜详择察，有匠成之能，方具资禀之礼。

故南山[13]云："真诚出家者，怖四怨之多苦，厌三界之无常，辞六亲之至爱，舍五欲之深着。能如是者名真出家。"则可绍隆三宝[14]，度脱四生[15]，利益甚深，功德无量。比真教凌迟，慧风掩扇，俗怀侮慢，道出非法。并由师无率诱之心，资缺奉行之志，二彼相舍，妄流鄙境。欲令道光，焉可得乎！

不习诵无以记

记诸善言，讽而诵之。迦叶、阿难[16]，具足住持八万法藏。西域、东夏高德出家，幼年始习，皆学诵持。竺佛图澄能诵佛经数百万言。佛驮跋陀[17]，此云觉贤，同学数人，习诵为业，余人一月工诵，觉贤一日能记。其师叹曰："一日之学敌三十天。"然人至愚，岂不日记一言？以日系月，以月系年，积工必广，累课亦深。其道自微而生，何患无所立矣。

不工书无以传

书者，如也，叙事如人之意。防现生之忘失，须缮写而编录；欲后代以流传，宜躬书以成集。则使教风不坠，道久弥芳。故释氏经律，结集贝多[18]；孔子诗书，删定竹简。若不工书，事难成就。翻思智者[19]无碍之辩，但益时机，自非章安[20]秉笔之力，岂留今日？故罽宾[21]高德盘头达多，从旦至中，手写千偈；从中至暮，口诵千偈。但当遵佛，能写名字，慎勿效世，精草隶焉。

不学诗无以言

言善，则千里之外应之；言不善，则千里之外违之。诗陈褒贬，语顺声律。《国风》敦厚，《雅》《颂》温柔。才华气清，词富彬蔚。久习则语论自秀，才诵乃含吐不俗。彼称"四海习凿齿"[22]，此对"弥天释道安"。

陈留阮瞻[23]时忽嘲曰："大晋龙兴，天下为家。沙门何不全发肤，去袈裟，释梵服，被绫纱？"孝龙[24]对曰："抱一以逍遥，唯寂以致诚。剪发毁容，改服变形，彼谓我辱，我弃彼荣。故无心于贵而愈贵，无心于足而愈足。"

此乃气蕴兰芳，言吐风采。虽不近乎聋俗，而可接于清才。佛法既委王臣，弘道须习文翰。支遁[25]投书北阙，道林[26]方逸东山。自非高才，岂感君主？宜省狂简之言，徒虚语耳。

非博览无以据

《高僧传》云：“非博则语无所据。”当知今古之兴亡，须识华梵之名义。游三藏之教海，玩六经之词林。言不妄谈，语有典据。故习凿齿赞安师曰：“理怀简衷，多所博涉，内外群书，略皆遍睹。阴阳算数，悉亦能通，佛经妙义，故所游刃。”

真宗皇帝诏李侍读[27]饮，仲容起固辞曰：“告官家，彻臣器[28]。”上问：“何故谓天子为官家？”对曰：“臣尝记蒋济《万机论》言：‘三皇官天下，五帝家天下。’兼三五之德，故曰官家。”上喜曰：“真所谓君臣千载一遇。”此由学问藏身，多识前言，无所累矣。

不历事无以识

子曰：“吾非圣人，经事久矣。”洎入太庙每事问者，儆戒无虞，罔失法度。罗汉虽圣，赤盐[29]不知；方朔虽贤，劫灰罔辩[30]。多见而识之，未见而昧矣。李后主[31]得画牛一轴，昼则出于栏外，夜乃归于栏中。持贡阙下，太宗张后苑以示群臣，俱无知者。惟僧录赞宁[32]曰：“南倭海水或减，则滩碛微露，倭人拾方。诸蚌腊中有余泪数滴者，得之和色着物，则昼隐而夜显。沃焦山时或风烧飘击，忽有石落海岸，得之滴水摩色染物，则昼显而夜晦。”诸学士皆以为无稽，宁曰：“见张骞《海外异记》。”后杜镐检三馆[33]书，自果见于六朝旧本书中。此乃博闻强识，见幾而作也。

不求友无以成

生我者父母，成我者朋友。故君子以朋友讲习，以文会友，以友辅仁。品藻人物，商榷同异，如切如磋，如琢如磨。刘孝标[34]云："组织仁义，琢磨道德，欢其愉乐，恤其陵夷。寄通灵台之下，遗迹江湖之上，风雨急而不辍其音，雪霜零而不渝其色。"斯乃贤达之素交，历万古而一遇。

东晋道安未受戒时，会沙弥僧光于逆旅。其陈志慕，神气慷慨。临别相谓曰："若俱长大，勿忘同游。"后光学通经论，隐飞龙山。安后复从之相会所，喜谓："昔誓始从。"因共披文属思，新悟尤多。安曰："先旧格义[35]，于理多违。"光曰："且当分析逍遥，何容是非先达？"安曰："弘赞理教，宜令允惬。法鼓竞鸣，何先何后。"

时，僧道护亦隐飞龙，乃共言曰："居静离俗，每欲匡心大法，岂可独步山门，使法轮辍转，宜各随力所被，以报佛恩。"众佥曰善。遂各行化。

不观心无以通

《维摩》云："诸佛解脱，当依众生心行中求。"何以故？晋《华严》[36]云："心如工画师，造种种五阴。一切世间中，无不从心造，如心佛亦尔，如佛众生然。心、佛及众生，是三无差别。"既为生佛之母，亦为依正之源。故《楞严》云："诸法所生，唯心所现。"一切因果世界微尘，因心成体。欲言心有，如箜篌声求不可见；欲言其无，如箜篌声弹之亦响。不有不无，妙在其中。

故《般舟》云："诸佛从心得解脱。心者清净名无垢，五道㊲鲜洁不受色。有解此者大道成。"遵此十门，上行下效，不倦终之，则吾佛之教可延于后世。苟谓不然，祖道必丧。倾望后裔，览而警焉。

注释

①**桑榆：**指日落时余光所在处。用来比喻人的垂老之年。

②**六趣：**也叫六道，即众生各依其所造之业而趣往之世界。包括：（一）地狱，（二）饿鬼，（三）畜生，（四）阿修罗，（五）人，（六）天。六道中前三者称为三恶道，后三者称为三善道。

③**大觉：**释迦牟尼佛的十号之一。自觉、觉他、觉行圆满，故称大觉。

④**戒定慧三学：**指戒律、禅定、智慧三种学问。防非止恶为戒，息虑静缘为定，破恶证真为慧。学此三法可达无上涅槃，故称三学。

⑤**鸠摩罗什：**略称罗什，东晋龟兹国人，我国四大

译经家之一。幼即出家，游学天竺，遍参名宿，博闻强识，誉满五天竺。后归故国，国王奉为师。前秦苻坚闻其名，遣大将吕光迎之。吕光于途中闻苻坚败没，遂于河西自立为王。鸠摩罗什于是羁留凉州十六七年，直至后秦姚兴攻破吕氏，始得至长安。姚兴礼为国师，先后译出经论数十种，有系统地介绍龙树中观学派的学说。译作内容卓异，文字简洁晓畅，颇为后世所重。为中国三论宗之祖。

⑥**盘头达多：**后秦时罽宾僧。

⑦**晏子：**名晏婴，春秋时齐国正卿，字平仲。连仕灵、庄、景公三朝，执政五十余年，以节俭力行、谦恭下士著称于时。至战国，有人收集其言行，编成《晏子春秋》一书。

⑧**子夏：**名商，字子夏，孔子得意弟子，以文学见称。

⑨**安师：**即道安，东晋佛教的中心人物，常山扶柳（今河北正定）人。十二岁出家，聪慧绝伦，入佛图澄之门，其时北方大乱，与其师辗转逃于湖北襄阳。弘化十五年，前秦苻坚闻其名，率兵攻陷襄阳，迎道安到长安，事之以师礼。致力于经典翻译及诸经序文、注释之作。另于僧团仪式、行规、礼忏等多所制立，且定释氏为僧姓。一生研究，以般若经典为主。

⑩**佛图澄：**天竺人，或谓龟兹人。西晋时至洛阳，值永嘉乱起，尝入石勒军中讲说佛教。石虎继位，尤加信重。受业弟子众多，追随者最著名的有道安、竺法汰、竺法雅、僧朗等。

⑪**青眼：**晋阮籍能为青白眼，常以青眼对所契重的人。因以青眼称对人喜爱或器重。

⑫**盐车：**运盐之车。好马驾盐车，比喻贤才屈居贱役。

⑬**南山：**即唐代律僧、南山律宗的创始者道宣。又称南山律师、南山大师。浙江吴兴人，十六岁出家，随慧颙、知首学律，后住终南山研究弘宣四分律。曾至各地讲说律学，亦曾参与玄奘之译场。最主要著作为“律学五大部”，其中《四分律删繁补阙行事钞》为研究四分律不可或缺之书。其所撰之《大唐内典录》亦为整理经典之著名著作。

⑭**三宝：**佛教以佛、法、僧为三宝。

⑮**四生：**指有情产生之四种类别，即：（一）卵生，（二）胎生，（三）湿生，（四）化生。常以四生泛指一切有情众生。

⑯**迦叶、阿难：**佛的十大弟子中最著名的二位。迦叶为付法藏第一祖，阿难为其继承者。

⑰**佛驮跋陀：**又作佛驮跋陀罗，北印度那呵利城

人。十七岁出家，博通诸经，特精禅律。于后秦弘始年间入长安，弘传禅术，以不习长安世俗，又与罗什门下不合，与弟子慧观等四十余人到庐山慧远处，译出经典十三部，凡一百二十五卷。其中最著名者为《大方广佛华严经》六十卷。

⑱**贝多：**具称贝多罗，是一种供书写资料、经文的树叶。写在这种树叶上的佛经称贝叶经。

⑲**智者：**名智顗，我国天台宗实际开宗人。隋代荆州华容（今湖北潜江西南）人，世称智者大师、天台大师。年十八，投果愿寺法绪出家，学律藏及《法华》《无量义》诸经。后入光州大苏山，参谒慧思，受其付嘱入金陵弘传禅法，于瓦官寺开《法华》经题，从而树立新宗义，判释经教，奠定天台宗教观的基础。又入浙江天台山，十年后寓金陵灵耀寺。隋军攻破金陵，西至荆州，于当阳玉泉山建寺，讲说《法华玄义》。生平著作宏富，少部分为亲自撰写，大部分由弟子灌顶（章安大师）随听随录整理成书。其中《法华玄义》《法华经文句》《摩诃止观》，世称天台三大部。其特点在于教观双运，解行并重，影响中国佛教颇巨。

⑳**章安：**名灌顶，智顗高足弟子。临海章安（今浙江临海）人，世称章安大师。能领持智顗遗教，发扬光大。后世尊为东土天台宗第五祖。除记录、整理智顗著

作外，著有经疏多种。

㉑**罽宾：**汉朝时西域国名，位于印度北部，今克什米尔一带。

㉒**习凿齿：**东晋名士，襄阳人。博学多闻，以文章、史才著名，为荆州刺史桓温所器重，召为从事。与当代高僧道安友善。秦王苻坚攻下襄阳后，将习凿齿与道安掳至长安，曾对臣下说："我以十万之师取襄阳，唯得一人半。"即指道安一人，习凿齿半人，甚表推重之意。

㉓**阮瞻：**字千里，晋朝陈留（今河南开封）人。与当时名士庾敳等为友，世称"八达"。《晋书·阮籍传》记，王戎问阮瞻："老庄与儒教同还是异？"阮瞻回答："将无同。"王戎于是辟阮瞻做掾（一种属官），时称"三语掾"。

㉔**孝龙：**名支孝龙，魏晋时僧人，年轻时即以风姿见重。精研小品经，以为心要。与阮瞻等人为友，亦"八达"之一。

㉕**支遁：**东晋学僧，字道林，世称支道人、支道林。早悟无常之理，隐于会稽余杭山中，专研《道行般若经》等般若系经典。二十五岁出家，后游京师建康，善标宗会，颇为当时名士所叹赏。时尚老庄，与当时文坛名流王蒙、孙绰、许洵、殷浩、谢安等畅谈《庄子》。又善草隶，文墨精妙。晚年游心禅苑，宣扬《维摩经》等。遗有《即色游玄论》等，所创般若学即色义，主张"即

色本空”，为般若学六家七宗之一。

㉖**道林：**即支遁。

㉗**李侍读：**名仲容，字仪父，北宋真宗时大臣。曾任大理寺评事，知三原县，累官至翰林侍读学士兼龙图阁学士、户部侍郎。自集制草为《冠凤集》十二卷。

㉘**彻臣器：**“彻”通“撤”，器指乐器。古时君王或卿大夫遇到灾患疾病，即撤去乐器，表示不敢贪图安逸。“彻臣器”即臣子病了的委婉语。

㉙**赤盐：**道家所炼的盐。以寒盐一斤，雨泥一斤，放入火器中，用火烧炼而成。见《抱朴子·黄白》。

㉚**劫灰罔辩：**据《高僧传》载，汉武帝挖昆明池，池底有黑灰。东方朔号为博闻，汉武帝以池底黑灰问，东方朔说，我不知道，可以问西域胡人。后竺法兰来华，众人追问此事，法兰说，世界终尽，劫火洞烧，此灰为劫火之灰。

㉛**李后主：**名李煜，五代时南唐国主。袭位时，宋已代周，南唐岌岌可危，他仍怠于政事，纵情声色。宋军陷金陵，出降。后被宋太宗赵光义派人毒死。长于填词，前期之作多写宫廷奢靡生活，后期多反映亡国之君的哀痛。遗作今存《南唐二主词》。

㉜**赞宁：**宋代学僧，浙江德清人。出家后博涉三藏，尤精南山律，复通儒道两家典籍。善文辞，颇受当时名

士赞赏。吴越钱弘俶曾委任他为两浙僧统。并先后任翰林史馆编修、左街讲经首座、西京教事、右街僧录等职。著作甚多，最著名的是《宋高僧传》三十卷。

㉝**三馆：**唐有崇文、弘文、国子三馆，为士子修习之所。另有昭文、集贤、史馆三馆，掌藏书、校书、修史之职。宋初继承唐制，以史馆、昭文馆、集贤院为三馆。

㉞**刘孝标：**名刘峻，字孝标，南朝梁学者，平原（今属山东）人。曾任典校秘书、户曹参军。曾注《世说新语》。遗作明人编为《刘户曹集》。

㉟**格义：**即以道家或外教之义理来解释佛教的道理。佛教东来之初，中国本土的知识分子常以老庄思想来理解佛教，魏晋时代的一些僧人也以老庄思想来说明般若的空理。这种过渡时期的学风称为格义。以后随着佛教传播的深入，格义之风渐被纠正。

㊱**晋《华严》：**指《华严经》，东晋佛驮跋陀罗译，凡六十卷，故又称《六十华严》。相对于新译，又称《旧华严》《晋经》。

㊲**五道：**指眼、耳、鼻、舌、身五种心与外境的通道。

译文

玉石不雕琢不成器物，人不学不知大道。我十五岁有志于学，时光渐渐过去，倏忽之间已至老境。经历的岁月多了，大略地知道其中的滋味。感叹过去没有好好地学习，等到了晚年，大限逼迫，学也来不及了。因此述务学十门，给后人留下一点东西，使他们能学有所成、弘扬佛教大法，使其大显。

不修学无以成

《涅槃经》说："凡是所有有心的人，都能得到无上正等正觉的智慧。"这是为什么？因为一切众生都有佛性。佛性空虚通达，灵知光明，是永恒寂静的。如果说它是有，可是它没有形象，没有名称；如果说它是无，圣人是因为有了它才灵明觉了的。众生自无始以来不觉悟，是迷惑的，因烦恼遮蔽，而丧失了本来灵知的佛性。生出种种因缘，堕入六道轮回中。因此之故，如来悲悯世人迷盲，设立戒定慧三学的法门。其道非常广大，告诉人们信从真谛，脱离迷妄；规范众生，使他们灭息迷妄，归依真理。如果能信从并接受佛所说的话，跟着老师去学，这乃是驾起苦海中的快船，登上达到圣人境界的阶梯。老子说："谁能不从门中出入？"哪个人能不走这条路呢？

不折我无以学

《说文解字》说："我，就是人的自称。"《华严经》说："凡夫俗子，无有智慧，执着有我。"《法华经》："自大的人抬高自己，谄媚曲意逢迎的人心不实诚。"这是因为执着自我为实有，傲慢自大，不以无知为耻，妄自尊大。见善不知遵从，不愿接受别人的教诲；不亲近贤人，远离正道。求佛法的人，应该抑低自我，恭敬地默默思道，放下架子，礼貌周全，以钦仰之心对待长者，尊敬师长，崇尚道义，见比自己高明的人就要向他学习。

鸠摩罗什初始学习小乘教法，拜盘头达多为师，这是以下敬上，是贤者的话，自然受尊敬。盘头达多晚年学习大乘佛法，又拜鸠摩罗什为师，这是以上敬下，叫作尊敬贤者。所以《周易》说："谦下，是道德的根本。"《尚书》说："你只要不自大，只要是贤人自然会受到别人尊敬，天下没有人能和你争高下；你只要不自傲，天下人没有能和你争功的。"晏子说："爵位越高的人意气应该越低微，官越大的人应该越加谨慎小心，俸禄越丰厚的人施与别人应该越广博。"子夏说："对待工作严肃认真，不出差错，对待别人恭谨而合乎礼节，则天下人都是我的兄弟。"

不择师无以法

鸟将要栖歇，必选择山林；人求学，应当选择老师。老师是人的楷模，是人学习的榜样。楷模不成其为楷模，榜样不成其为榜样，从古到今是很多的。做楷模的，只有两种人：最好的，智慧广博明达，行为坚强贞固，好像密室中的灯光，照到每一个窗缝中去；次一等的，理解透彻，行为上能隐藏他的缺点，好像犯罪的人拿着灯照亮道路。这两种人都堪做老师。而有的人道德不高，但因适合当世而有高名。人们望风依附，这是很荒唐的。

东晋道安法师，十二岁出家，皮肤黝黑，形貌丑陋，老师轻视他，驱遣他去种田。劳作三年，然后才求师父教他《辨意经》。他拿着经卷下地干活，休息时观览。晚上下地回来把经还给师父，已能背诵。师父惊叹，于是为他剃发。受具足戒后，任凭他四处游学。投佛图澄，佛图澄一见就惊奇，说："这孩子不同一般，是当世奇才。"这样的优秀人才，如果不遇上赏识他的人，也只能服苦役了。要不是伯乐，谁识千里马呢？所以出家人应当审慎地考察选择，有培养人成材能力的人，方去拜他为师。

所以南山和尚说："真诚出家的人害怕四怨多苦，厌烦三界无常，辞别六亲之爱，舍弃色、声、香、味、触的耽溺。能这样的人才算真出家。"这样的人才可以弘扬佛法，度一切有情出苦海，于众生有深厚的利益，无量功德。到现在真正的宗教衰落了，智慧之风被掩蔽，侮慢之心，渐成风俗，奉行非法道门。再加上师父无有表率后学、诱导学子之心，缺乏奉行道义的志气，这两样东西丢弃了，流入鄙薄的境地。想要佛法光大，这怎么可能呢！

不习诵无以记

记住好的语句，反复朗读直到背诵下来。迦叶、阿难功德圆满具足，诵持八万四千经典。不管是西域的还是华夏的出家高僧，幼年开始读经，都学背诵。天竺僧佛图澄能背诵佛经数百万言。佛驮跋陀，汉语称觉贤，与几个同学学习记诵，其他人一个月能背熟的，觉贤一天就能记住。他的老师叹服说：他一天所学的顶别人三十天。那么即使是很愚笨的人，难道一天记不得一个字？日积月累，功夫必然广博，课业也会深厚。记诵自简单的开始，只要持之以恒，何愁不能成功。

不工书无以传

“书”就是“如”，意思是，书写就是把说的话记下来。防备今生丢失遗忘，必须缮写，加以编录；要想流传到后代，应该自己把它写下来编集在一起。这样就可以使教义不致中断，佛法越久越光大。所以释迦所说的经律，结集后被写在多罗树的叶子上，孔子所删定的诗书，被写在竹简上。如果书法不好，这样的事就难以做成。想起智者大师辩才无碍，也只是有益于当时，若不是章安记录之功，怎能留传到今天呢？所以罽宾国大德高僧盘头达多，从早晨到中午，手写千偈；从中午到晚上，口诵千偈。但应该遵从佛的教导，能写清楚工整就可以了，切不可效法世俗人，精通草、隶等字体。

不学诗无以言

说和善的话，就千里之外有回应；说恶言，就千里之外也有不同意的人。诗中蕴含赞美或批评，话语顺着声调和韵律。《国风》敦厚，《雅》《颂》温柔。才华洋溢者文字清简，辞藻华美的文字有蕴藉。学习的时间久了自然语言华美，才一出口即谈吐不俗。他那里说“四海习凿齿”，你这里对“弥天释道安”。

陈留阮瞻一天忽然嘲讽说：“大晋朝兴起，天下人是一家。出家人为什么不留头发，脱掉袈裟，换去印度服装，穿中国的绸缎和丝织成的衣服？”支孝龙对答说：“持守一而逍遥自在，炼养寂静而得到诚。剪去头发，毁掉容貌，改变衣服形制，别人认为这是耻辱，而我却把它看成是抛弃荣华富贵的象征。所以无心于贵而越加尊贵，无心于满足而越加满足。”

这语辞气好似兰花的芳香，透出风采。虽然不能和聋盲的俗人讲，却可以和有才学的人讲。光大佛教的使命既然寄托在士大夫身上，弘扬佛法就必须学习文字。

支遁隐居东山，曾以书信感化君王。如果不是高才，怎能感动君王？世人那些狂妄自负之言，想要弘传佛法，只不过是一句空话。

非博览无以据

《高僧传》说："学识不广博，则说话没有凭据。"应该知道今古兴亡，必须懂得华语、梵语中的名词概念。遨游于经律论三藏的大海中，玩味六经众多的文章。说话不能凭空杜撰，必须有经典的根据。所以习凿齿称赞道安说："道理简明中肯，涉猎甚为广泛，佛典和佛典以外的书籍差不多看遍了。阴阳、算数也都精通，佛经的精妙义理读解起来游刃有余。"

宋真宗诏李侍读宴饮，他站起来辞谢说："报告官家，臣子身体不适。"真宗问："为什么把天子叫作官家？"仲容回答说："我记得蒋济《万机论》中说：'三皇官天下，五帝家天下。'您兼三皇五帝之德，所以叫官家。"宋真宗高兴地说："真所谓君臣千载一遇。"这是因为学问在身，记得先哲话语多，没有什么难处的缘故。

不历事无以识

孔子说："我并非圣人，只是我经历过的事情很多罢了！"到进入太庙，每件事都要问明白，这是因为谨慎小心不会出差错，不失法度。罗汉虽然圣明，可是他也不知道赤盐是什么；东方朔虽然贤能，可是他对于劫灰的事也不知如何回答。多所见闻，把它记住；无所见闻，就会愚昧。李后主得到一幅画，画的是牛。白天牛在栏外，晚上牛在栏中。有人把这幅画进奉给太宗，太宗把它张挂在后花园中让群臣看，都不知缘由。只有僧录赞宁说：“日本南部海水退去后露出海滩，当地人捡拾蛤蚌等。蛤中有几滴汁液，用它掺合颜料涂在器物上，器物就白天看不见，晚上显现。沃焦山常有雷风敲击焚烧，有石块掉落在海岸，拿它滴水研磨，用来染器物，就会白天显现，晚上不见。”众学士皆以为这是无稽之谈，赞宁说：“这件事记载于张骞《海外异记》。”后来杜镐翻检三馆藏书，果然见到记载于六朝旧本中。这是博闻强识、应答机智的例子。

不求友无以成

生我的是父母，成就我的是朋友。所以君子喜和朋友讲论学习，用文章来结交朋友，用朋友来辅助仁德。评论人物，商榷学术问题，切磋琢磨。刘孝标说：“增进仁义，砥砺道德，高兴的事朋友一起欢乐，受了委屈朋友安慰。心心相通，一起游历于江湖之上，风雨再急也不停止互通信息，冷落失意之时也不改变交情。”这才是贤达之士的交友之道，这在历史上并不多见。

东晋道安未受具足戒时，在路上的旅店中遇到沙弥僧光。僧光向他表示敬慕之意，神气慷慨。临别时互相叮嘱：长大后别忘了在一起游学。后来僧光学通经论，隐居于飞龙山。道安后来和他一起到初会之所，高兴地说："过去发的誓，现在才实现。"于是一起披览文章，研习思考，新得到的解悟很多。道安说："格义的方法，有许多违背正理的地方。"僧光说："应该先分析庄子逍遥义，怎能先去评论先贤的是非呢？"道安说："弘扬教理，应该使它意思恰当，各畅所言，不应有先后之分。"

这时，一个和尚道护亦隐居飞龙山，他说："居处静地，远离世俗，常想着成就佛法，怎能隐居山门，使法轮停转！应该各人按自己的力量弘法，以报答佛恩。"大家都说好。于是各人都去云游，教化大众。

不观心无以通

《维摩诘经》说："应当在众生心中求解脱。"为什么？晋《华严》说："心就像一个熟练的画师，造种种物象。世间一切物，无不是心所造起，心、佛也是如此，众生也是如此。心、佛、众生这三者皆心所造，故无差别。"心既是生佛之母，也是依止正法的源头。所以《楞严经》说："各种现象的产生，都是心的变现。"一切因果世界中的极细微的东西，都是因心而有其体。但如果说心是有，就像箜篌弹奏时发出的声音，是看不到的；如果说它是无，就像箜篌声，是有响的。不有也不无，妙处就在这里。

所以《般舟经》说："诸佛从心中得解脱。心的意思是自性清净，没有染污，五道鲜明洁净，不接受物象。懂得这个道理的人能成就大道。"遵从这十个方面，在上的实行，在下的效法，不倦怠停息，佛法终可流传到后世。如果不这样，先贤留传下来的大法必然丧失掉。希望后来人，览诵并警戒。

8 右街宁僧录勉通外学

原典

右街宁僧录[①]勉通外学

夫学不厌博。有所不知，盖阙如也。吾宗致远，以三乘法而运载焉。然或魔障相陵，必须御侮；御侮之术，莫若知彼敌情。敌情者，西竺则韦陀[②]，东夏则经籍矣。故祇桓寺[③]中有四韦陀院，外道[④]以为宗极。又有书院，大千界内所有不同文书，并集其中，佛俱许读之。为伏外道，而不许依其见也。

此土古德高僧，能慑伏异宗者，率由博学之故。譬如夷狄之人，言语不通，饮食不同，孰能达其志，通其欲？其或微解胡语，立便驯和矣。是以习凿齿，道安以诙谐而伏之；宗、雷之辈，慧远[⑤]以诗礼而诱之；权无二，复礼⑥以辨惑而柔之；陆鸿渐，皎然⑦以诗式而友之。此皆不施他术，唯通外学耳。况乎儒道二教，义理玄邈。释子既精本业，何妨钻极，以广见闻，勿滞于一方也。

注释

①**右街宁僧录：**指赞宁。左右街僧录是唐宋时代掌理僧尼名籍、僧官补任等事宜的僧职。左右街，原是唐代职官名称，因长安有六街，分左三街、右三街。唐德宗时，沿用左右街之名称，置左右街大功德使，专门管理僧尼名籍，后于两街功德使下设置僧录。宋真宗时，赞宁曾任东京（今开封）右、左街僧录。

②**韦陀：**又作吠陀，婆罗门所传经典的名称。

③**祇桓寺：**印度祇陀太子供佛之所，中设四韦陀院，佛教徒可以在院中研究学问。又称祇洹精舍、祇园精舍。

④**外道：**又作外教、外法、外学，指佛教以外的一切宗教。

⑤**慧远：**东晋僧人，我国净土宗初祖，庐山白莲社创始者。雁门楼烦（今山西崞县）人。少时即博通六经、老庄之学。二十一岁，听道安讲《般若经》，颇有领悟，

感叹“儒道九流皆糠秕”，遂投道安剃度出家。精于般若性空之学，尝以《庄子》说明佛教实相义。于东晋太元年间南下庐山，住东林寺传法，弟子甚众。又与刘遗民等创立白莲社，专以净土念佛为修行法门。有《沙门不敬王者论》《三报论》《明报应论》等重要著作。所居之庐山东林寺，为南方佛教中心。帝赐谥号甚多，后世多称“庐山慧远”。

⑥**复礼**：唐代僧，京兆（今属陕西）人。年少出家，曾随译经高僧实叉难陀等译出经典。唐高宗时，太子文学（唐代管理经籍的官吏）权无二对佛教提出二十条质疑，复礼撰《十门辩惑论》以答。权无二折服，遂为其弟子。

⑦**皎然**：唐代僧，善诗文，僧以诗文交游权德舆、陆鸿渐等名流权要。并多次为初期禅宗诸祖师撰写碑文。所撰碑文有《达磨大师法门义赞》《二宗禅师赞》《惠能神秀禅师赞》《志公赞》等。

译文

学问不怕渊博。有不知的，是因为学有不足。佛教的致远，是以三乘法门运载的。但是若有魔障相欺凌，必须抗御它的侵侮；抗御侵侮的办法，最好的是知敌情。所谓敌情，在印度就是婆罗门所传的经书，在华夏就是儒家经书。所以祇桓寺中有四韦陀院，是收藏外道书最多的。又有书院，大千世界所有的各种不同的书籍，都收集于其中，佛都准许阅读。这是为了降伏外道，而不准许依从外道见解。

本国的硕德高僧能慑服异宗的，大都是由于博学的缘故。比如边远地区的少数民族，言语不通，饮食不同，怎么能知道他的意思，明白他做的事呢？有稍微会说一点他们语言的，立刻便能有亲切和谐的气氛。所以，道安用诙谐折服习凿齿，慧远用诗礼诱导宗炳、雷次宗等；复礼以分辨迷惑使权无二归伏；皎然以诗与陆鸿渐为友。这都是不用其他方法，只用通晓外方之学达到的。更何况儒道二教义理深远，僧人本业精通之后，何妨钻研它用来增大见闻，不致停留在一个方面呢！

9　周京师大中兴寺道安法师遗诫九章（节选）

原典

周京师大中兴寺道安法师[1]遗诫九章（节选）

其一曰

卿已出家，永违所生。剃发毁容，法服[2]加行。辞亲之日，上下涕零。剖爱荣道，意凌太清。当遵此志，经道修明。如何无心，故存色声！悠悠竟日，经业不成。德行日损，秽积遂盈。师友惭耻，凡俗所轻。如是出家，徒自辱名。今故诲励，宜当专精。

其二曰

卿已出家，弃俗辞君。应自诲励，志果青云。财色不顾，与世不群。金玉不贵，惟道为珍。约己守节，甘苦乐贫。进德自度，又能度人。如何改操，趋走风尘?

坐不暖席，驰骛东西。剧如徭役，县官所牵。经道不通，戒德不全。朋友蚩弄，同学弃捐。如是出家，徒丧天年。今故诲励，宜各自怜。

其三曰

卿已出家，永辞宗族。无亲无疏，清净无欲。吉则不欢，凶则不戚，超然纵容，豁然离俗。志存玄妙，轨真守朴。得度广济，普蒙福禄。如何无心，仍着染触。空诤长短，铢两升斛[③]，与世诤利，何尽僮仆。经道不明，德行不足，如是出家，徒自毁辱。今故诲示，宜自洗浴。

其七曰

卿已出家，不可自宽。形虽鄙陋，使行可观。衣服虽粗，坐起令端。饮食虽疏，出言可餐。夏则忍热，冬则忍寒。能自守节，不饮盗泉[④]。不肖之供，足不妄前。久处私室，如临至尊。学虽不多，可齐上贤。如是出家，足报二亲、宗族、知识[⑤]，一切蒙恩。今故诫汝，宜各自敦。

注释

①**道安法师：**北周僧。冯翊胡城（今属陕西）人，俗姓姚。年少即慕道修禅，后隐于太白山研习定慧，兼

通子史。受具足戒后，于渭滨之地宣扬《涅槃经》，为朝野儒士所尊崇。后奉北周武帝之命，驻锡大中兴寺，声名蜚然。

②**法服：**又叫法衣、僧衣，即僧尼所穿的衣服。

③**铢两升斛：**重量和容量单位，皆极小。

④**盗泉：**古泉名，故址在今山东泗水县东北。旧常以盗泉之水比喻以不正当手段得来的东西。

⑤**知识：**又作善知识、胜友等。正直而有德行，能教导人舍恶修善、入于佛道者，均可称为善知识。教导邪道之人，称为恶知识。

译文

其一

你已出家，永远离开了生你养你的亲人。剃去头发，改变容貌，袈裟穿在身上。辞别亲人之时，一家大小都落泪。割舍亲情，为的是光荣佛法，此志凌越太虚！应当遵从这一志愿，修习经典，昌明佛法。怎能没有这个心愿，而存喜好声色之情呢！一天到晚，出家人的功课不做。这样德行一天比一天减损，坏习惯一天比一天增多。师友为你惭愧羞耻，俗人也轻视你。像这样的出家，只是污辱出家之名。所以我这里诲训鼓励你们，应该专

一、精勤。

其二

你已出家，遗弃俗务，也无君亲之爱。应该诲训自己，勉励自己，树立远大的志向。财色不再留心，不与世俗人为伍。金玉不值得珍贵，惟以佛法为最高尚。约束自己，遵守戒律，安于穷困艰苦。以增进德行来自度、度别人脱苦海。怎能改变操守而在世俗中奔走？坐不稳禅床，心猿意马。好像为县官所牵系去服劳役那样奔忙。经典道理不通晓，戒律德行不完备。朋友耻笑，同学远离。像这样的出家，只是浪费生命。所以以此诲训勉励大家，希望各自珍重。

其三

你已出家，永远离开宗族。与人无亲疏厚薄之分，清净寡欲。有好事不欢乐，遇坏事不悲戚，超然自在，豁然离俗。志在玄妙的道理，遵守真朴的大道。如能得度，广济世人，让人普遍地蒙受你带给他的福禄。怎能既入无心之地，却仍然染着世情，白白地为升斗之利与人争竞，好像僮仆一般！经典道理不明，德行不足，像这样的出家，只是毁坏、侮辱自己。所以以此训示，希望各自洗掉这些不好的习气。

其七

你既然已经出家，就不可以宽待自己。形貌虽然丑陋，但行为必具威仪。衣服虽然是粗布做成，但坐起必须端正。饮食虽然菲薄，但言语可以为法食。夏天忍受暑热，冬天忍受严寒。能自己遵守戒律，不贪不义之财。小人的供养，不可接受。在自己住室中，也要像面对佛那样恭敬。学问虽然不深，凭德行仍可与前贤齐肩。这样出家，足可以报答双亲、宗族和一切善知识等对自己有恩的人。所以告诫你们，希望各位努力去做。

10 大唐慈恩法师出家箴

原典

大唐慈恩法师[1]出家箴

舍家出家何所以？稽首空王[2]求出离。三师七证[3]定初机，剃发染衣发弘誓。去贪嗔，除鄙恪，十二时中常谨慎。炼磨真性若虚空，自然战退魔军阵[4]。勤学习，寻师匠，说与同人堪倚仗。莫教心地乱如麻，百岁光阴等闲丧。踵前贤，学先圣，尽假闻思修[5]得证。行住坐卧要精专，念念无差始相应[6]。佛真经十二部，纵横指示菩提路。不习不听不依行，问君何日心开悟？

速须究，似头然，莫待明年与后年。一息不来即后世，谁人保得此身坚！不蚕衣，不田食，织女耕夫汗血力，为成道业施将来，道业未成争消得！哀哀父，哀哀母，咽苦吐甘大辛苦，就湿回干养育成，要袭门风继先祖。一旦辞亲求剃落，八十九十无依托。若不超凡越圣流，向此因循全大错。

福田衣[7]，降龙钵[8]，受用一生求解脱。若因小利系心怀，彼岸涅槃争得达？善男子，汝须知，遭逢难得似今时；既遇出家披缕褐，犹如浮木值盲龟[9]。大丈夫，须猛利，紧束身心莫容易。倘能行愿[10]力相扶，决定龙华[11]亲授记[12]。

注释

①**慈恩法师：**名窥基，法相宗初祖。唐代京兆长安（今陕西西安）人。字洪道，又称灵基、基法师，俗称慈恩大师、慈恩法师。其宗派称慈恩宗。十七岁出家，为玄奘弟子，修习梵文及佛教经论。二十五岁参与译经，糅合十大论师对于唯识论的注释，成为《成唯识论》，又通晓因明。玄奘主译多部佛经，窥基皆为笔受，并作述记。后游历多山，宣讲佛法。返回慈恩寺后，传授玄奘正义。著述甚多，时称“百本疏主”。

②**空王：**佛的另一种称呼。《圆觉经》说：“佛为万法之王，又曰空王。”

③**三师七证：**比丘受具足戒，要三师七证。三师是

授戒者、读表文者、教威仪作法者。七证是七个证人，七人以上不限。

④**魔军阵**：一切恶事妨碍成佛者为魔军。

⑤**闻思修**：即三慧：（一）闻慧，从见闻经教而得的智慧；（二）思慧，从思维道理而得的智慧；（三）修慧，从修禅定而得的智慧。

⑥**相应**：契合的意思。

⑦**福田衣**：即袈裟。因袈裟可以生功德，是世人的福田，故名。又袈裟的田纹与田畴相像，故又称袈裟为福田衣。

⑧**降龙钵**：僧用的钵盂。《佛本行集经》有佛降伏毒龙入钵盂中的故事，故名。

⑨**浮木值盲龟**：语出《杂阿含经》卷十六，意谓漂浮的木头碰上瞎眼的龟，比喻极其难遇到的事。

⑩**行愿**：身的行与心的愿两者相助而成事。

⑪**龙华**：据《法苑珠林》，弥勒佛于梵林园中龙华树下成道，故此处龙华指弥勒佛。

⑫**授记**：佛对修行中之弟子授予将来必做佛的记号，称为授记。

译文

舍弃宗族，出家为僧，这是为什么呢？为了礼拜佛，求出离苦海。三师七证，决定了你最初的志向，剃去头发，穿上僧衣，发大誓愿。去掉贪嗔，除掉鄙吝，十二时中常要谨慎小心。磨炼真性，能如虚空一般，自然战退魔军的进攻。勤奋学习，选择良师，我告诉你们这些同人，这是最可倚仗的。不要让心地乱如麻，百年光阴白白浪费掉。追赶前贤，学习先圣，他们都是借闻思修三慧获得证悟。行住坐卧要精神专一，时时刻刻无差错才可契合。佛的教义有三藏十二部，横说纵说，都为指示菩提路。如不修习，不听从，不依照他行动，那你什么时候心才能开悟呢？

必须立刻从现在开始，如救头燃般那么紧急，不要等到明年后年。一口气上不来就离开当世，谁能保证此身坚固不坏呢！不养蚕就穿衣，不耕田就吃饭，织女耕夫的血汗力，为了成就我的道业施舍给我，道业不成怎能消受得起这施舍！父母茹苦含辛，一把屎一把尿把我养育成人，应该承袭门风，光耀先祖。一旦辞别双亲，落发为僧，八十、九十岁无有家庭可以依托。若不超凡入圣，只在这里因循不前，这就是大错了。

穿袈裟，拿钵盂，受用一生，为了求解脱。如果将小小利益系于心怀，涅槃彼岸怎能够达到？善男子，你们须知，像你们这样遭逢人身是很难得的；能够披袈裟为僧，更是犹如浮木碰上瞎眼龟，千载难逢。大丈夫，必须猛力精进，牢牢地约束身心，不要轻易怠慢。如果能身行和愿力互相扶助，你肯定能得到弥勒佛的亲自授记。

11　永明智觉寿禅师垂诫

原典

永明智觉寿禅师[1]垂诫

学道之门别无奇特，只要洗涤根尘[2]下无量劫来业识种子。汝等但能消除情念，断绝妄缘，对世间一切爱欲境界，心如木石相似，直饶未明道眼，自然成就净身。若逢真正导师，切须勤心亲近。假使参而未彻，学而未成，历在耳根，永为道种，世世不落恶趣[3]，生生不失人身。才出头来，一闻千悟，须信道真。善知识为人中最大因缘，能化众生，得见佛性。

深嗟末世，谁说一禅？只学虚头，全无实解。步步行有，口口谈空。自不责业力所牵，更教人拨无因果[4]。便说饮酒食肉不碍菩提，行盗行淫无妨般若。生遭王法，死陷阿鼻[⑤]。受得地狱业消，又入畜生、饿鬼。百千万劫，无有出期。除非一念回光，立即翻邪为正。若不自忏自悔，自度自修，诸佛出来也无救尔处。

若割心肝如木石相似，便可食肉；若吃酒如吃屎尿相似，便可饮酒；若见端正男女如死尸相似，便可行淫；若见己财他财如粪土相似，便可侵盗。饶尔炼得到此田地，亦未可顺汝意在。直待证无量圣身，始可行世间逆顺事[⑥]。古圣施设，岂有他心？只为末法[⑦]僧尼少持禁戒，恐赚他向善俗子多退道心，所以广行遮护。千经所说，万论所陈。

若不去淫，断一切清净种；若不去酒，断一切智慧种；若不去盗，断一切福德种；若不去肉，断一切慈悲种。三世诸佛，同口敷宣；天下禅宗，一音演畅。如何后学略不听从？自毁正因[⑧]，反行魔说[⑨]。只为宿薰业种，生遇邪师。善力易消，恶根难拔。岂不见，古圣道见一魔事如万箭钻心，闻一魔声如千锥扎耳，速须远离，不可见闻。各自究心，慎莫容易。

注释

①**永明智觉寿禅师：**名延寿，唐末五代僧。净土宗六祖，法眼宗三祖。临安府余杭（今浙江杭州）人。初

为吏，三十岁出家。后往天台山参谒德韶国师，习禅定，又行法华忏。后住四明雪窦山传法。曾应吴越王钱俶之请，建永明大道场，故世称永明大师。提倡禅净双修之道。召集慈恩、贤首、天台三宗僧人，辑录印度、中国高僧二百人的著作，互相质疑，成《宗镜录》一百卷。对当时各宗派间的分歧，持调和态度。另有《万善同归集》《唯心诀》等，也甚为著名。赐号智觉禅师。

②**根尘：**即六根六尘。六根指眼、耳、鼻、舌、身、意六种感觉器官或认识能力。六尘指色、声、香、味、触、法六境。众生因六识缘六境而遍污六根，故称六尘。

③**恶趣：**指六道中的地狱、畜生、饿鬼。趣即道的意思。

④**拨无因果：**拨即否定、排除之意。拨无因果即否定因果报应，为五见中之邪见。

⑤**阿鼻：**即阿鼻地狱的简称。阿鼻，梵文音译，意思是无间。阿鼻地狱即无间地狱，位于诸狱之最底层。

⑥**逆顺事：**违反正理的行为，指以上食肉、行淫等行为。

⑦**末法：**正法绝灭之意。末法时期即佛法衰颓的时代。

⑧**正因：**众生本具的佛性，正是成佛之因，所以称为正因。

⑨**魔说：**恶魔所说的道理，是成佛的障碍。下面魔事、魔声准此。

译文

学佛法的门径没有什么奇特的，只要洗涤六根尘中无量劫来的业识种子。你们只要能消除情念，断绝妄缘，面对充满贪爱的外境世界，心如木石一般坚定，尽管道眼尚未开明，也自然会成就清净之身。如果能碰到真正的导师，必须殷勤亲近他。假设参学而未能透彻地明白，学习过而道业未成，但只要听过他的教诲，也会永远成为成道的种子，世世不落入恶道，生生不失掉人身。才刚学习一闻佛法就生解悟，笃信佛法。善知识是人中的最大因缘，能教化众生，使他们见佛性。

深深叹惜世道到了末法时期，谁讲说真正的禅学？只学了虚头，完全没有真实见解。步步在有中行，却口口谈空。整天不去追究所造何业，便教人否定因果道理。于是说饮酒吃肉不妨碍成佛，行盗行淫不妨碍生智慧。这种人生时触犯王法，死后堕入阿鼻地狱。等熬到地狱的业消了，又入畜生、饿鬼。百千万劫，没有出离的日子。除非一念彻悟，立刻改邪归正。如果不痛自忏悔，自度自修，诸佛出世也救不了你。

如果能做到割心肝如割木石一样，便可以吃肉；如果能做到吃酒如吃屎尿一样，便可以饮酒；如果能做到见了俊男靓女如同见了死尸一样，便可以行淫；如果能做到见自己的财物、他人的财物就像见粪土一样，便可以侵夺盗窃。即使你能修炼到这种程度，也不能顺着你的意志，想干什么就干什么。直到证得无量圣身，才可以行世间违逆正理的事。古圣人存留下来的施设方法，岂有别的用意？只为末法时期，僧尼很少持守禁戒，恐怕欺骗向善的俗人，使他们从喜好佛法的心退转，所以多方遮护。千经所说，万论所陈，无非此意。

如果不戒除淫欲，就会断灭一切清净种子；如果不戒除饮酒，就会断灭一切智慧种子；如果不戒除偷盗，就会断灭一切福德种子；如果不戒除食肉，就会断灭一切慈悲种子。这些义旨三世诸佛同口宣扬，天下禅僧都这么讲论。为什么后学一点儿也不听从呢？毁掉自己成佛的正因，反而按照邪说去行。只为宿世薰习的业种，或今世遇上邪妄的师父。积善所成之力易于消失，恶根难以拔除。你难道不见，古时的圣者见到一魔事如万箭穿心一般难受，听到一魔声如千把铁锥扎耳，必须快速远离，不闻不见。希望你们各自体会，切不要看得轻易。

12　永明智觉寿禅师八溢圣解脱门

原典

礼佛者，敬佛之德也；念佛者，感佛之恩也；持戒者，行佛之行也；看经者，明佛之理也；坐禅者，达佛之境也；参禅者，合佛之心也；得悟者，证佛之道也；说法者，满佛之愿也。实际理地[①]不受一尘，佛事门中不舍一法。然此八事，犹如四方四隅[②]，阙一不可。前圣后圣，其揆一也。六波罗蜜[③]亦须兼行。六祖云："执空之人，滞在一隅。"谓不立文字，自迷犹可，又谤佛经，罪障深重，可不戒哉！

注释

①**实际理地：**指真如无相境界。《护法录》卷六有“实际理地不染一尘”之句。

②**四方四隅：**四方指东南西北，四隅指东南、东北、西南、西北。

③**六波罗蜜：**波罗蜜，梵文音译，意为度无极，到彼岸。六波罗蜜，即菩萨六种大行：（一）布施，（二）戒行，（三）忍辱，（四）精进，（五）禅定，（六）智慧。

译文

拜佛，是敬佛的德行；念佛，是感佛的恩情；持戒，是履行佛的行为；看经，是明白佛说的道理；坐禅，是达到佛的境界；参禅，是与佛的心地符合；得悟，是证成佛说的道理；说法，是具足佛的愿力。真如境界，不会受到一点外境污染，佛门中不舍一法。这八件事好像四方和四隅，缺一不可。前圣后圣，他们的想法是一致的。六种菩萨行也必须兼行。六祖说：“执着于空的人拘滞在一边。”说的是不立文字迷惑自己还可以，又诽谤佛经，罪孽深重，能不警惕吗！

13 大智照律师舍缘铭

原典

大智照律师[1]舍缘铭

追远报恩，弃儒从释。刮磨旧习，洗涤世缘。截断众流，壁立千仞。文章笔砚，尽把焚除。雪月风花，无劳嘲咏。酒肴财色，更莫回头；声利荣华，岂须着眼？末流狂妄，正法浇漓。但欲变形，何尝涉道！虽云舍俗，俗习不除；尽说出尘，尘缘不断。才亲讲肆，拟作阇黎[2]；未入丛林[3]，望为长老。避溺投火，岂觉盲痴？却步求前，实为颠倒。

释心儒服，代不乏人；释服儒心，世途目击。律防粗暴，禅息妄缘。深究苦空，常思厌离。邪师恶友，畏若豺狼。善导良朋，亲如父母。低心似地，缄口如愚。

摧挫我人，消停意气。端居静室，课念遣时。逾想乐邦，一心待尽。若能如此，吾复何忧？厥或不然，子当裁酌！

注释

①**大智照律师：**名元照，宋代律僧。浙江杭州人，字湛然，号安忍子。先学天台教，而志在律学。后礼广慈受菩萨戒。宋元丰年间，主持昭庆寺，弘律传戒。晚迁灵芝，世称灵芝尊者。谥号大智律师。著有《四分律行事钞资持记》等书，故世称其法系为资持派。

②**阇黎：**梵文音译，意译为正行，谓能纠正弟子品行。即僧徒之师。

③**丛林：**指僧众聚居的寺院，尤指禅宗寺院。又称禅林。

译文

为追念远祖，报答父母，离弃儒学，来做僧人。刮磨掉旧的习俗，洗涤掉一切世缘。俗缘一齐斩断，意志坚定高峻。过去写的文章、用的笔砚尽皆烧掉，风花雪月之诗不再吟咏。酒食财色不再顾念，声利荣华不再着眼。末流猖狂妄行，正法日益浇漓。只想改变形服，并未涉及佛法。虽说出家舍弃俗缘，实际上俗习不除；都说出尘，实际上尘缘不断。才去讲堂听讲，就想做师父；未入禅寺，就想做长老。这是避开溺水又入火中，不觉得是瞎撞，痴心妄想吗？停步不行，却想在前面，这实在是颠倒之见。

穿着儒服却怀有出世修道心的，每一个朝代都有这种人；穿着僧服而怀着儒生心的，随处可见得到。戒律是为了防止粗暴，禅定是为了灭息妄缘。深究苦空之理，常想着厌烦世俗、离开世俗。邪妄的师父、恶劣的朋友，应当像畏惧豺狼一样畏惧他们。好的导师、好的朋友，亲近他们如亲近父母。抑低自己，谦虚待人，如地承天，缄默不言，像愚人一般。除去人我的界限，消除个人意气。端居静室中，以诵经念佛打发时光。想着乐国净土，心无旁骛，一直到生命完结。如果能这样，我还忧愁什么呢？如果不能这样，那你们自己去裁定酌量吧！

14　抚州永安禅院僧堂记

原典

抚州[1]永安禅院僧堂[2]记

无尽居士[3]撰

古之学道之士，灰心泯志，于深山幽谷之间，穴土以为庐，纫草以为衣，掬溪而饮，煮藜而食，虎豹之与邻，猿狙之与亲。不得已而声名腥芗[4]，文彩发露，则枯槁同志之士，不远千里，裹粮蹑屩，来从之游。道人深拒而不受也，则为之樵苏，为之舂炊，为之洒扫，为之刈植，为之给侍奔走。凡所以效劳苦，致精一。积月累岁，不自疲厌。觊师见而愍之，赐以一言之益，而超越死生之岸。乌有今日所谓堂殿宫室之华，床榻卧具之安，毡幄之温，簟席之凉，窗牖之明，巾单之洁，饮食之盛，金钱之饶。所须而具，所求而获也哉！

鸣呼！古之人吾不得而见之矣。因永安禅院之新其僧堂也，得以发吾之绪言。元祐六年冬十一月，吾行郡过临川，闻永安主僧老病物故，以兜率从悦[5]之徒了常继之。常升座说法，有陈氏子，一历耳根，生大欣慰，谓常曰："谛观师诲，前此未闻。当有净侣云集，而僧堂狭陋，何以待之？愿出家赀百万，为众更造。"明年堂成，高广宏旷，殆甲江右。常遣人来求文，曰："公迫常于山而及此也，幸卒成也。"

吾使谓常击鼓集众，以吾之意而告之，曰："汝比丘，此堂既成，坐卧经行，惟汝之适。汝能于此带刀而眠[6]，离诸梦想，则百丈[7]即汝，汝即百丈。若不然者，昏沉睡眠，毒蛇伏心，暗冥无知，昼入幽壤。汝能于此跏趺宴坐，深入禅定，则空生[8]即汝，汝即空生。若不然者，猕猴在槛，外睹樝栗[9]，杂想变乱，坐化异类。汝能于此横经而诵，研味圣意，因渐入顿，因顿入圆，则三藏即汝，汝即三藏[10]。若不然者，春禽昼啼，秋虫夜鸣，风气所使，曾无意谓。汝能于此阅古人话，一见千悟，入红尘里，转大法轮[11]，则诸祖即汝，汝即诸祖。若不然者，狗啮枯骨，鸱啄腐鼠，鼓喙呀唇，重增饥火。

"是故析为垢净，列为因果，判为情想，感为苦乐，漂流汩溺，极未来际。然则作此堂者，有损有益；

居此堂者，有利有害。汝等比丘宜知之。汝能断毗卢[12]髻、截观音臂、剜文殊目、折普贤胫、碎维摩座、焚迦叶衣，如是受者，黄金为瓦，白银为壁，汝尚堪任，何况一堂？戒之勉之，吾说不虚。”了常谘参悦老十余年，尽得其末后大事[13]，盖古德所谓金刚王宝剑[14]云。元祐[15]七年十二月十日南康[16]赤乌观雪夜拥炉书以为记。

注释

①**抚州：**今江西省临川市。

②**僧堂：**禅林中僧众日常修禅起卧之堂舍，又称云堂、选佛堂。凡于禅刹挂搭者，悉依戒腊（出家年数）安排位次，举凡坐禅、起卧、饮食皆在此堂。

③**无尽居士：**名张商英，北宋蜀州新津（今四川新津县）人，字天觉，号无尽居士。初任通州主簿，一日入佛寺中，见藏经卷册齐整，乃感叹说：“吾孔圣之书不及。”欲着无佛论，后读《维摩经》有感，乃归信佛法。迁江西运使，谒东林常总，得其印可，复投兜率从悦，参究主旨。绍圣初年，因上书论司马光、吕公著而遭贬谪。著有《护法论》一卷。

④**腥芗：**腥味和五谷的香气。这里指美誉播扬。

⑤**兜率从悦：**宋代临济宗黄龙派僧，虔州（今江西

赣州）人。十五岁出家，为宝峰克文禅师法嗣，学通内外，并善诗文，因住隆兴（江西南昌）兜率院，故人尊称兜率从悦。有《兜率悦禅师语要》一卷行世。

⑥**带刀而眠：**指右胁而睡。因为带刀在左胁，左胁不得卧，故右胁卧称为带刀卧。右胁卧是比丘睡眠的卧姿。

⑦**百丈：**名怀海，唐代僧，福建长乐人。年二十，从西山慧照出家。未久至庐山研读经藏。适逢马祖道一在江西弘法，于是倾心皈依。后住持新吴（江西奉新）百丈山，自立禅院，制订清规，实行僧团农禅生活。尝说“一日不作，一日不食”。所订之清规，世称百丈清规，天下禅寺无不奉行，是禅宗史上一件划时代的大事。历代谥号甚多。弟子中黄檗希运、沩山灵祐最出名。

⑧**空生：**须菩提之意译。须菩提是佛的十大弟子之一，称解空第一。佛使他说般若空理。

⑨**樝栗：**“樝”同“楂”，即山楂。樝栗即山楂栗子。

⑩**三藏：**佛教之经律论称三藏，又称精通三藏的法师为三藏。这里特指唐玄奘。

⑪**转大法轮：**佛的教法，称为法轮。说佛的教法，叫作转大法轮。

⑫**毗卢：**全称毗卢舍那，意译为法身佛，即密教之大日如来。《大慧普说》卷二有“高步毗卢顶，不禀释迦

文”之句。

⑬**末后大事**：指到达彻底大悟之报处。

⑭**金刚王宝剑**：又称智剑、金刚剑，喻指清净之智慧。即因清净智慧可断除烦恼之缚绊，犹如利剑一般锐利，故有此称。

⑮**元祐**：北宋哲宗年号。元祐七年即公元一〇九二年。

⑯**南康**：今江西星子县。

译文

古代学佛法之士，灰却心念，泯灭志意，在深山幽谷中，掏洞做房子，缀草为衣服，渴了捧溪水喝，饿了煮野菜吃，与虎豹做邻居，同猿猴做亲戚。不得已而声名传扬，文采发露，于是有志于林壑的同道不远千里，带着干粮，探访他的行踪，来与他学习。道人则坚决不接受，于是来学者为他打柴，为他烧饭，为他洒扫，为他收割耕种，为他服侍奔走。做这些苦役辛劳，都是为了表示自己精诚专一的品德。积年累月，不知疲倦。希望师父见到他这样而产生怜悯心，赐给他一言半语对他有益的话，达到超脱生死的目的。哪有现在这样华美的殿堂屋舍，舒服的床榻被褥，温暖的帐帷，凉爽的竹席，窗明几净，巾单鲜洁，饮食丰盛，金钱丰饶。需要的都具备，要求的都能获得。

哎呀！古人我是见不到了。因为永安禅院翻修僧堂，我乘此机会抒发我的感想作开场白。元祐六年，我巡行辖郡经过临川，听说永安禅院住持老病逝世，于是任命兜率从悦的弟子了常继任。了常升座说法，有个姓陈的青年一听说法，心里就生大欣慰，对了常说："我仔细地听了老师的诲训，闻所未闻。应该会有出家朋友云集这里，但僧堂狭陋，怎能安置他们？愿出家资百万，为大家新造一座。"第二年新僧堂造成，高大宏伟，差不多在江西数第一。了常使人来求文章，说："您任命我到此山来，才有新僧堂的产生，多亏你把事情完成。"

我使人让了常击鼓集众僧，把我的这番话告诉大家。我说："众比丘，新僧堂已造成了，坐卧经行，随你们的方便。你们能在这里按僧人的卧姿睡觉，离开梦想，百丈就是你们，你们就是百丈。如果不能这样，睡眠时昏昏沉沉，毒蛇伏在心中，暗昧昏乱无知，白天进入幽暗之境。你们能在这里跏趺安坐，深入禅定，那么你们就是空生，空生就是你们。如果不能这样，那就如猴子在笼中，看着笼外的山楂栗子，杂乱的想法不停变换，幻觉中化为异类。你们能在这里诵读案头经典，研求体味佛的旨意，从渐教到顿教，从顿教到圆教，这样三藏就是你们，你们就是三藏。如果不能这样，春天禽鸟白天啼叫，秋天虫豸夜间鸣唱，季节变换各有不同，你皆视为无意味。你们能在这里阅读古人禅话，一言之下，顿生解悟，在红尘中转大法轮，那么，你们就是诸祖，诸祖就是你们。如果不能这样，狗咬干骨头，鸱枭啄死鼠，张嘴呲牙，又增饥饿之火。

“所以，区分为垢和净，罗列成因和果，判别为情和想，感受为苦和乐，漂流汩没，一直到未来际。所以可以说，造这僧堂，对你们有损有益；住这僧堂，对你们有利有害。你们比丘应该知道。你们能折断大日如来的发髻，截断观世音的臂膀，剜掉文殊菩萨的眼睛，折断普贤菩萨的腿，砸碎维摩诘的坐椅，烧掉迦叶的衣服，能这样领会，就是黄金为瓦、白玉为墙，你们也能住得，何况一僧堂？希望你们警戒勉励，我说的并非虚言。”了常参问兜率从悦十来年，尽得他彻悟之后的心解，可谓古时大德所说的金刚王宝剑。元祐七年（公元一〇九二年）十二月十日南康赤乌观雪夜拥炉时写。

15　右街宁僧录三教总论

原典

右街宁僧录三教[1]总论

问曰：略僧史，求事端，其故何也？

答曰：欲中兴佛道，令正法久住也。

曰：方今天子重佛道，崇玄门[2]，行儒术，致太平，已中兴矣。一介比丘，力轮何转，而言中兴佛道耶？

答曰：更欲助其中兴耳。苟释氏不知法，不修行，不勤学科，不明本起，岂能副帝王之兴乎？

或曰：子有何力，令正法久住乎？

答曰：佛言，“知法知摩夷[3]，护持摄受，可令法不断也”。

又曰：诸师已广著述，何待子之为耶？

答曰：古人著述，用则阙如。会不知三教循环，终而复始。一人在上，高而不危，有一人故。奉三教之兴，有三教故，助一人之理。且夫儒也者，三王以降，则宣用而合宜。道也者，五帝之前，则冥符于不宰[4]。昔者马《史》[5]跻道在九流之上[6]，班《书》[7]拔儒冠《艺文》之初。子长欲反其朴而还其淳，尚帝道也；孟坚思本其仁而祖其义，行王道焉。自夏商周至于今，凡几百千龄矣，若用黄老[8]而治，则急病服其缓药矣。由此仁义薄，礼刑生。越其礼而逾其刑，则儒氏拱手矣。释氏之门周其施用，以慈悲变暴恶，以喜舍变悭贪，以平等变冤亲，以忍辱变嗔害。知人死而神明不灭，知趣到而受业还生。赏之以天堂，罚之以地狱。如范脱土，若模铸金。邪范漏模，写物定成其寝陋；好模嘉范，传形必告其端严。事匪口谈，人皆目击。

是以帝王奉信，群下归心，草上之风，翕然而偃。而能旁凭老氏，兼假儒家。成智犹待于三愚[9]，为邦合遵于众圣。成天下之亹亹[10]，复终日之乾乾[11]。之于御物也，如臂使手，如手运指，或擒或纵，何往不臧[12]邪！夫如是，则三教是一家之物，万乘是一家之君。视家不宜偏爱，偏爱则竞生，竞生则损教。已在其内，自然不安。及已不安，则悔损其教。不欲损教，则莫若无偏。三教既和，故法得久住也。

且如秦始焚坑儒术，事出李斯[13]。后魏诛戮沙门，职由寇谦之[14]、崔浩。周武废佛道二教[15]，矜炫己之聪明，盖朝无正人。唐武宗毁除寺像[16]，道士赵归真率刘玄靖同力谤诬，李朱崖影助。此四君诸公之报验，何太速乎！奉劝吾曹相警互防，勿罹愆失。帝王不容，法从何立？况道流守宝[17]：不为天下先，沙门何妨饶礼以和之。当合佛言“一切恭信”，信于老君先圣也，信于孔子先师也。非此二圣，曷能显扬释教，相与齐行，致君于牺黄[18]之上乎？

苟咈[19]斯言，譬无赖子弟，无端斗竞，累其父母破产遭刑。然则损三教之大猷，乃一时之小失。日月食过，何损于明？君不见，秦焚百家之书，圣人预已藏诸屋壁[20]；坑之令剿绝，杨马二戴[21]相次而生，何曾无噍类耶？梁武舍道，后魏勃兴；拓跋诛僧，子孙重振。后周毁二教，随牵复之；武宗陷释门，去未旋踵，宣宗十倍兴之。

侧掌岂能截河汉之流，张拳不可暴虎兕之猛。况为僧莫若道安，安与习凿齿交游，崇儒也。为僧莫若慧远，远送陆修静过虎溪[22]，重道也。余慕二高僧好儒重道，释子犹或非之。我既重他，他岂轻我？请信安、远行事，其可法也。《诗》曰：“伐柯伐柯，其则不远。”孟子曰：“天时不如地利，地利不如人和。”斯之谓欤！

注释

①**三教：**指儒教、佛教、道教。

②**玄门：**指道教。因道教始祖老子《道德经》中有“玄之又玄，众妙之门”的话，所以称道教为玄门。

③**摩夷：**即论藏，意译行母。论藏解释行法，即为生行之母，故名行母。

④**冥符于不宰：**冥符，暗合。不宰，即道家所谓无为。因《道德经》中有“生而不有，为而不恃，长而不宰”的话。

⑤**马《史》：**即司马迁的《史记》。下文“子长”，是司马迁的字。

⑥**跻道在九流之上：**司马迁的父亲司马谈有《论六家要旨》，评论阴阳家、儒家、墨家、名家、法家、道家，对道家评价最高，为六家之首。《史记》中转述了这段评论。

⑦**班《书》：**即班固所作的《汉书》。《汉书·艺文志》把儒家类的著作放在最前面。下文“孟坚”，是班固的字。

⑧**黄老：**指道家。因其崇奉黄帝、老子，故名黄老。

⑨**三愚：**指道家。因《老子》中有“大智若愚”“非以明民，将以愚之”等语，故以三愚指代道家。

⑩**亹亹：**（音 Wěi 伟），勤勉貌，不倦貌。

⑪**乾乾：**语出《周易·乾卦》“君子终日乾乾”，指整天精进不已，无有止息。

⑫**臧：**善。

⑬**李斯：**法家代表人物，秦始皇的丞相。

⑭**寇谦之：**北魏道士，字辅真。少入华山修天师道术，后隐居嵩山，自言得太上老君所授《云中音诵新科之诫》二十卷，声称清整道教，除去三张（张陵、张衡、张鲁）伪法，摒弃平等教义，增入服食闭炼和礼度诸内容，鼓吹儒道合流，深受北魏太武帝和大臣崔浩等崇信，被称为“新天师道”。太平真君七年，北魏太武帝听信寇谦之、崔浩之言，尽诛长安沙门，破坏佛典图像，佛教遭到毁灭性打击。

⑮**周武废佛道二教：**北周建德二年（公元五七三年），武帝下令废佛道二教，毁坏佛经佛像，令沙门、道士还俗，仅选有名大德一百二十人安置于通道观。建德七年，武帝崩，佛道二教才告恢复。

⑯**唐武宗毁除寺像：**唐武宗时，宰相李德裕等排佛。会昌五年（公元八四五年），武宗下诏留置若干寺及僧三十名，余皆废弃，并令僧尼还俗，将佛像、钟等改铸钱币、农具等，史称“会昌法难”。连同前之北魏太武帝、北周武帝排佛，共称“三武灭佛”。

⑰**守宝：**《老子》中有“我有三宝：一曰慈，二曰俭，

三曰不为天下先”的话。守宝即奉守此三宝。

⑱**牺黄：**又作羲黄，羲指伏羲，黄指黄帝，皆传说中的圣君。

⑲**咈：**乖戾、违逆。

⑳**圣人预已藏诸屋壁：**指西汉时拆除鲁恭王宅，在墙壁中发现古文经书，有人于是附会说这是孔子预先知道秦始皇焚书坑儒而藏的。

㉑**杨马二戴：**杨又作扬，指西汉儒家学者扬雄。马指东汉经学家马融。二戴指编定《大戴礼记》的戴德和《小戴礼记》的戴圣。

㉒**远送陆修静过虎溪：**陆修静，南朝宋著名道士。慧远送陆修静过虎溪事，《庐山记》有记述，其他书采录者甚多。苏东坡、黄庭坚等人亦盛唱之。

译文

问：您略去僧家史迹，旁求世俗知识，这是为什么？

回答说：为了中兴佛法，使正法久住。

问：现今皇帝崇尚佛教，看重道教，遵行儒术，用它们来致太平，国家已经中兴了。你一介比丘，能有多大力量，而言中兴佛法？

回答说：我也是想为佛法中兴助一臂之力。假如佛教徒不知佛法，不修行，不勤学知识，不知晓佛教本来为什么兴起，怎能辅佐帝王之兴？

有人问：你有什么力量使正法久住？

回答说：佛说，“知道各经的深切意旨，知论藏，护持佛法，使它摄众生出离苦难，这样可以使正法不断灭”。

又问：各位大师已经有很多著作来说它了，你何必再说呢？

回答说：古人的著作，要巧妙运用的时候就不够了。这好像一般人不知三教循环、终而复始的道理。一个人站在高处，虽高而不觉得它会倾倒，这是因为有一个人在它上面的缘故。我崇奉三教来帮助国家的中兴，三教虽有自己的力量，仍须要我推动。并且，三王以后，用儒家来治国是正确的。五帝之前，用道家来治国，则与无为而治暗合。过去司马迁《史记》把道家列在九流之首，班固的《汉书》把儒家置于《艺文志》的开首。司马迁是想返璞归真，崇尚帝道；班固想归本仁义，实行王道。从夏商周到现在，已经几千年了，如果用黄老的办法去治国，那好比急病服缓药。由此鄙薄仁义，礼制和刑法就应运而生了。礼制和刑法越出它应有的范围，则儒家无事可做。佛法完备的设施和作用，以慈悲来改变强暴和恶行，以慷慨施舍来改变吝啬贪婪，以平等待人来改变分别冤亲，以忍辱来改变忿怒。知道人死以后神识不灭，知道人终究去往何处及受业报转生。行善获得生天的果报，作恶的不免受到地狱的苦报。好像造陶器和烧铸金属的模子，用斜的模子、漏的模子，它铸出的人物一定是丑陋的；用好的模子来铸造，它铸出的人物一定是庄严的。这事不用说，人人都能见到。

所以帝王信奉佛教，下面的人也信奉，就像风行草偃。而且能同时凭借道家，借重儒家。成智慧要靠道家，治理国家应该遵从众位儒家圣人的遗教。使天下人都能勤勤勉勉，精进不已。好像握东西，臂膀指挥手，手运用指头，或抓或放，无处不自如。这样，三教是一家的东西，皇帝是一家的主人。对一家人不应该有所偏爱，偏爱则争竞就会生起，争竞生起就会损害三教。这样不管处在哪种教中，自然都会不安。既然不安，那就会损害这一教。不想损害，不如无所偏爱。三教既能和平共处，所以佛法能久住。

比如秦朝焚书坑儒，这事是由李斯发动的。后魏时杀戮僧人，是由寇谦之、崔浩发动的。北周武帝废佛道二教，夸耀自己的聪明，这是因为朝中无正人君子。唐武宗拆毁寺院，废除佛像，是由道士赵归真带领刘玄靖，二人大力诬蔑诽谤，李朱崖暗中帮助的。这四个皇帝及诸人报应灵验，这般快速！奉劝我们以此互相警戒，不要犯这样的过失。帝王如果不容，佛法从何而立呢？何况道家奉守“三宝”信条：不为天下先，释家何妨礼数周到一些，和他们和好呢？应该遵守佛说的“一切人都要恭敬信爱”，信爱老子这个先圣，信爱孔子这个先师。要不是这两个圣人，怎么能彰显弘扬佛教，三教和睦相处，齐头并进，使当今皇帝能够达到伏羲黄帝以前的清明圣世呢？

假如不按照这里所说的去做，好比无赖子弟无端争斗，连累他们的父母破费钱财，遭受刑罚。然而损害三教和睦相处这个大方略的，是一时的小过失。日蚀月蚀，怎能损害日月的光明？君不见，秦朝时焚毁诸子百家之书，孔子已经预知，把书藏在屋子的墙壁中；活埋儒生，想让他灭绝，扬雄、马融、戴德、戴圣相续而生，哪里能完全灭绝呢？梁武帝敕废境内道观，结果后魏道教又大兴；拓跋焘杀戮僧人，他的子孙又重振佛教。后周废除佛道二教，很快就恢复了；唐武宗灭佛，过不多久唐宣宗大兴佛教，十倍于前。

侧着手掌怎能截断黄河、汉水之流，挥起拳头不能打败凶猛的老虎和犀牛。何况僧人没有比得上道安的，道安与习凿齿交游，这是崇尚儒学。僧人也没有能比得上慧远的，慧远送陆修静过虎溪，这是尊重道教。我敬慕这两位高僧喜好儒学，尊重道教，可是有的僧人还是批评儒道二教。我们既然尊重他们，他们岂能轻视我们？请你们相信道安、慧远的行事，他们是可以效法的。《诗经》里说：“拿着斧头砍伐树木，以树木做斧头，其标准即在眼前。”孟子说：“天时不如地利，地利不如人和。”说的不就是这个道理吗！

16　右街宁僧录传禅观法

原典

禅法滥觞，自于秦世。僧睿[①]法师序《关中出禅经》，其文则明心达理之趣也。然譬若始有其方，未能修合，弗闻疗疾，徒曰医书。矧以大教既敷，群英分讲，注之者矜其辞义，科[②]之者逞其区分。执麈摇松，但尚其乘机应变；解纷挫锐，唯观其智刃辞锋。都忘其诠，不求出离。

江表远公，慨禅法未敷，于是苦求而得也。菩提达磨[③]祖师，观此土之根缘，对一期之繁紊，而宣言曰，“不立文字”，遗其执文滞逐也；“直指人心”，明其顿了无生也。其机峻、其理圆，故不免渐修之徒笃加讪谤。传禅法者，自达磨为始焉，直下相继，六代传衣。横枝而出，不可胜纪，如《曹溪宝林传》[4]所明也。

注释

①**僧睿：**后秦时佛经翻译家鸠摩罗什的弟子，“关中四圣”之一。鸠摩罗什翻译的佛经，多经过僧睿参正，并为之作序。事迹详见《高僧传》卷六。

②**科：**为方便解释经论而将内容分成数段，再以精简扼要的文字标示各部分的内容，称科。

③**菩提达磨：**通称达磨，我国禅宗初祖，西天第二十八祖。南天竺香至国国王第三子，从般若多罗学道，四十年后受衣钵。梁武帝时，渡海至广东番禺，武帝遣使迎至建业，然与武帝语不相契，遂渡江至魏，止于嵩山少林寺，面壁坐禅，时人不解其意，称壁观婆罗门。后授袈裟及《楞伽经》四卷给慧可。卒年不详。梁武帝称“圣胄大师”，唐代宗赐“圆觉大师”。本人思想以“二入四行论”为最重要。

④**《曹溪宝林传》：**本名《宝林传》。唐德宗时建康沙门慧炬与天竺僧人胜持所编的一部记述禅宗诸祖传法谶记及各宗师机缘的书。

译文

禅法始于秦朝。僧睿法师为《关中出禅经》写的序文，旨趣在于明心达理。但就像一部医书，始有药方，而未订正完备，不能治病，徒然称作医书。更何况佛教大行之后，各位高师分派而讲，为之作注者以讲解辞义见长，为之分门别类者从区分方面发挥。只看到其中乘机、应变、智识、辞藻，都忘掉了它求出离的宗旨。

江西慧远公慨叹禅法未能流传，于是苦苦参求而得。菩提达磨祖师，看到此方人士的根器机缘，针对一时的烦琐紊乱，宣说宗旨，“不立文字”，去除对文字的执着滞逐；“直指人心”，指示人们当下可以知道无生。机锋峻烈，理趣圆融，所以免不了渐修一派人的放肆诽谤。传禅法的，自达磨开始，直接相传衣钵有六代。此后支派纷出，难以胜记，就像《曹溪宝林传》所记载的那样。

17 诫观檀越四事从苦缘起出生法

原典

诫观檀越[1]四事从苦缘起出生法

终南山宣律师[2]为弟子慈忍作

损害生命名苦业，筋骨斯尽名苦缘。经云："食者从耕种、锄刈、收治、扬簸、窖藏、运辇、舂磨、炊爨、蒸煮，聊设供给奉送。"又种菜、造墙、溉灌田园、营为酱酢[3]。

计一钵食出一钵汗，汗在皮肉，即是其血。一食功力，出于作者一钵之血，况复一生，凡受几食！始从耕种，乃至入口，伤杀无数杂类小虫。是以佛戒，日受一食，支持性命，寄过一生。

衣服者，养蚕杀茧，取丝织络，染浣裁缝，众缘调度，无量辛苦。计上下衣资[4]，凡杀几蚕？出几气力？蚕茧入汤，受几痛苦？是故佛教着粪扫衣，障弊陋质，冀得修道。

房舍者，从起立墙壁，穿坑掘地，伤杀土虫；斫伐材木，伤林树虫；造砖瓦时，杀泥水虫；放火陶治，杀柴草虫。作人苦力，施主费财。饮食众缘，劳损甚大，始成一房。

是故行者，依于冢树草蓐自安。念食是苦，节身而食；念衣杀命，着粪扫衣；念房舍卧具，从苦缘生，志乐头陀[5]，三月一移。念四事难消，少欲知足。经云："受檀越食如饥馑世食子肉想，受施主衣如热铁缠身，入房舍时如入铁镬，受床座时如热铁床。"宁破此身，犹如微尘，不以破戒之身，受人供给。

三涂[6]苦报，皆为爱衣、贪食、乐好房舍。若破戒因缘，还偿施主，或作奴婢，鞭打驱策；或受畜生形，披毛带角，生偿筋骨，死还皮肉，负重力尽，起而复倒。虚受信施，乐不足言，及偿施主，苦过万倍。是故教汝知惭知愧，慎护后世，莫破戒受施，名为净心。

注释

①**檀越：**梵文音译，意为施主。即施与僧众衣食，

或出资举行法会等的信众。又梵汉兼举而称檀越施主、檀主。

②**宣律师：**唐代律僧道宣。

③“酢”，“醋”的本字。

④**衣资：**衣巾的总称。因为它们是比丘资生之具，故称衣资。衣资按戒律分为十三种，一般称“十三资具衣”。

⑤**头陀：**梵语音译，意为除去尘垢烦恼。苦行之一，对衣食住等弃其贪着，以修炼身心。亦称头陀行。日常生活之十二种修行规定，称十二头陀行，如常行乞食，穿废弃布所做的褴褛衣，坟墓间住，坐于露天之地等。

⑥**三涂：**同于六道中的三恶道：地狱、饿鬼、畜生。

译文

损害生命叫作造苦业，偿还筋骨皮肉、苦力劳役叫作苦缘。佛经说：“吃饭的人，由耕种、锄草、收割、簸扬、窖藏、碾磨、舂筛、蒸煮、烧炒，供给奉送。”又要种菜、打墙、灌溉田园、酿造酱醋。

计一钵饭食出一钵汗，汗出自皮肉，即是其人之血。一顿饭的劳作，出于劳作者一钵血，更何况一生要吃多少顿饭！从开始耕种到吃到嘴里，杀伤无数各种类的小虫。所以佛规定一天吃一顿饭，仅维持生命，乞食过一生。

衣服是由养蚕、杀茧、缫丝、纺织、染洗、缝纫，众缘配合而成，包含无数辛苦。计内外衣服，要杀多少蚕？出多少力气？蚕茧入缫丝的热水，要受多少痛苦？所以佛祖教穿粪扫衣，裹蔽丑陋的肉体，希望修成正道。

房舍，要打土造墙，挖坑掘地，杀伤土中虫；砍伐木材，杀伤林木中虫；造砖瓦，杀伤泥水中虫；放火烧制陶器，杀伤柴草中虫。劳作的人费力，施主费钱财。管造房人饭食等，劳损甚大，才盖成房舍。

所以行者靠着坟堆、树木、枯草休息。想到饭食是苦，就节制饮食；想到制成衣服要伤害生命，就穿粪扫衣；想到房舍卧具是由辛苦劳作才有的，就志乐头陀苦行，在一个地方住满三个月，必须迁移。想到饮食、衣服、房舍、卧具这四样东西必须辛苦做成，于是减损欲望，知足常乐。佛经说："要这样观想：接受施主的饭食如饥荒年代吃儿子的肉，接受施主的衣服就像热铁缠身，入房舍就像入大铁锅，坐在床上好似坐在热铁上。"宁可毁坏此身，如同微尘，也不破戒受人供给。

三恶途的痛苦报应都是因为爱穿衣服、贪图美味、喜欢好房舍。如果破了戒，造了恶缘，偿还给施主，那就或是做奴婢，受鞭打驱使；或转为畜生，身上长毛带角，生时为施主服劳，死后被施主吃肉穿皮，驮重东西，精疲力尽，起而复倒。接受施主的供养时，乐不可言，及偿还施主时，所受的苦比乐大万倍。所以，让你们知道惭愧，谨慎地护持后世，不要破戒接受施舍。这叫净心。

18　宣律师诫观破戒僧尼不修出世法

原典

僧尼破戒者，所谓畜养奴婢僮仆、牛驴车乘、田宅、种植园林花果、金银粟帛、屏风氍毹被、好枕细席、箱匮盆瓮、铜器盘碗、上好三衣[①]、牙床坐褥、房舍退屋，厨库碓磨、脂面药酒、杂鲑酱酢、异种口味；王公贵重，多人顾识，生缘富贵，数过亲旧，饷送吊问，申诉衙府；身为众首，门徒强盛，讲说相难，好喜音乐；常居一寺，评量僧事，迭相擯罚；借问旱潦丰俭、盗贼、水火、毒兽之事；经过酒店、市鄽、屠脍、猎射之家；亲友妇女琴瑟诗赋，围棋双陆[②]；读外书典，高语大笑，嫌恨诤竞，饮酒食肉、绫罗衣服，五色鲜明；勤剃须发，爪利如锋；蓄八不净[③]，财宝富足。于此等事，贪求爱着，积聚不离，名真破戒。

经云：此等比丘，名秃居士，名披袈裟贼，名秃猎师，名三涂人，名无羞人，名一阐提[④]，名谤三宝，名害一切檀越眼目，名生死种子，名障圣道。远离此等十种恶名，即为净心[⑤]。

注释

①**三衣**：僧人所着的三种衣服：（一）大衣，为正装衣，上街托钵或奉召入王宫时所穿；（二）上衣，又称入众衣，礼拜、听讲时所穿；（三）中衣，为日常工作、就寝时所穿。此处泛指衣服。

②**双陆**：古代一种博戏，相传为三国曹植所制，其法现在中国已失传。

③**八不净**：八种戒律上不允许比丘、比丘尼蓄积或从事的事物，即金、银、奴婢、牛、羊、仓库、贩卖、耕种。另一说八不净者，即田园、种植、谷帛、人仆、禽兽、钱宝、褥釜、象金饰床及各种贵重物品。

④**一阐提**：梵语音译，意译为断善根、大贪、无种姓等。

⑤**净心**：即清净之心。按道宣自己的解释，即于现行烦恼、诸种病患等，修习对治，能即时随分解脱，垢染渐灭，发生定慧。

译文

僧尼破戒的，有蓄养奴婢童仆，置办牛驴车乘，拥有田地宅院、园林花果、金银粟帛、屏风毡被、好的枕头、细软的席子、箱子柜子、瓦盆瓮缸、铜器盘碗、上好的衣服、牙床、坐褥，以及房舍、厨房、库房、碓房、磨房、香油、面粉、药材、酒、酱醋、各种口味；被许多王公贵人认识访问，与富贵人家结缘，多次探访亲戚故旧，馈送吊丧问疾，到衙门申诉；身为僧众之首，门徒强盛，讲说中互相刁难，喜好音乐；常居住一寺不迁移，评论裁量僧徒间杂事，多次被驱赶惩罚；问水旱祸害、年成丰歉、盗贼、水火、毒虫猛兽之事；穿行酒店集市、屠夫猎户之家；与亲戚朋友家的女人弹琴赋诗、下棋、飞双陆；读儒道之书，高声大语说笑，与人结怨、争竞，喝酒、吃肉、穿五色鲜明的绸缎衣服；勤剃须发，指甲锋利；蓄八不净，财宝富足。对于此类品物贪求爱执，聚积收藏，这叫真破戒。

佛经说：这样的比丘叫秃居士，叫披着袈裟的贼，叫秃猎师，叫三涂人，叫不知羞耻，叫一阐提，叫诽谤三宝，叫害一切施主眼目，叫生死种子，叫障圣道。远离此等十种恶名，即为净心。

19 桐江瑛法师观心铭

原典

桐江瑛法师[1]观心铭

心焉心焉，本自天然。卓尔独立，湛寂孤坚。妙中至妙，玄中又玄。无来无去，不变不迁。非迷非悟，绝圣绝贤。思不可及，强以言诠：由体明觉，遂生诸缘。镜含万象，海纳百川。

收之兮神潜方寸，舒之兮光充大千。变化自在，作用无边。乃生乃佛，为实为权[2]。迷之则浩浩不返，悟之则了了相传。心焉汝灵，心焉汝灵！语汝莫忘，诲汝须听。汝具万法兮本自圆成，万法具汝兮其体空平。境非实境，名是假名。汝昔不悟兮枉受竛竮[3]，汝今自觉兮可保坚贞。触途莫滞，念起即惺。六尘[4]不染，三毒[5]乃清。

休更鼓之令浊兮失本明，宜自澄之令净兮归元精。

注释

①**桐江瑛法师：**名择瑛，北宋僧。桐江（今属浙江）人。幼遭母丧，随父至杭州，从南山瑞峰出家。先习戒律，后修止观奥义，深得宝阁寺处谦器重，授予《十不二门论》《金刚錍论》，由此得天台妙旨，又深悟净土法门。后行脚苏杭等地，用心净土教义。著作有《注心经》《净土修证仪》等。

②实，真实不虚之意，指永远不变的究极真理。权，权宜之意，指为一时需要而设的方便。

③**竛竮：**同“伶俜”，孤单貌。这里指心慌无依。

④**六尘：**指色声香味触法等六境，又叫外尘、六贼。

⑤**三毒：**指贪欲、嗔怒、痴愚三种烦恼。

译文

心呀心呀，天然具有。高出众物，湛澈寂灭，孤立坚贞。妙之中它最妙，玄之中它最玄。无来处，无去处，不变化，不迁流。既非迷，也非悟，超绝圣，超绝贤。思想它不能到达，勉强为它解诠：由心体的明觉，于是生种种因缘。它含摄万物之象，就像大海含容百川。

收摄心啊，神明潜藏于方寸；舒展心啊，灵光遍满大千世界。变化自在，作用大无边。它既是众生，也是佛；既能行实教，也能行权教。心迷则深远难返，心悟则清清楚楚传达意旨。心啊你的灵根，心啊你的灵根！告诉你，你别忘，给你讲，你须听。你本具万法，自然圆满；万法在你心中，其体本空平等。外境并非实在的外境，万物之名是假名。你过去不悟啊，白白地心慌无依；现在你觉了，可保心中坚贞。不管何处心都不要滞留，念头一起，心就醒觉。六尘不染，三毒清除。不要扰乱心啊！让它失掉本来的清明，应该让它自己澄清，干干净净地归本于原来就有的精明。

20 终南山宣律师宾主序

原典

夫损己利他者，盖是僧家之义也。害物安身者，非为释子之理也。有赏善罚恶之能，断是非不平之事。若是先人后己，契诸佛之慈心；如或尔死我活，乖六和[①]之妙行。为主者倘存仁义，感十方衲子之云臻；若乃私受人情，招千里恶名之远播。为宾者怀恭执礼，有义而到处安身；苟取狂图，无义而随方惹怨。

今者幸生中国[②]，得赖空门，脱万丈之火坑，抛千重之羁网，如囚出狱，似鸟开笼。履布金积善之场，住七宝无殃之地。天龙恭敬，神鬼钦崇。非桑蚕而着好衣，不耕田而餐美馔。何须结怨饕利，非理图财；求蜗角之虚名，闭人天之坦路；取龟毛之小利，穿地狱之深坑。

积恨结于今生，受波吒于后世。纵使满堂金玉，牵缠自己愚身；直饶罗绮盈箱，斗乱子孙业重。

少求俭用，免逼迫于心田；知足除贪，播馨香于意地[③]。或住梵刹，或挂云堂[④]。莫论他非，但省己过。若有才高之者，把三藏以研穷；志浅之流，览五乘[⑤]而课诵。切莫口行慈善，肚里刀枪，面带笑容，心藏剑戟。贫者不恤，老者不怜，忘慈亲鞠养之深恩，乖师长提携之厚德。如斯用意，退十方檀越之信心；执假迷真，惹四海英贤之讥诮。

是以叮咛劝谕，仔细精专。闻之者破我慢之高山，览之者塞昏迷之巨海。皆希禀信，普愿回心。只宜来世胜今生，莫遣今生胜来世。奉劝大众，疾须觉知。大限[⑥]临头，悔之莫及。

注释

①**六和：**又称六和敬，意即修梵行、求菩提的人互相友爱、敬重的六种事。具体有：（一）身和敬，（二）口和敬，（三）意和敬，（四）戒和敬，（五）见和敬，（六）利和敬。

②**中国：**原指古印度中部摩揭陀国一带，佛出世之处，今谓能得闻佛法教化之地。

③**意地：** 又称意识、意根。凡个体内心能生起思想者，称为意地。

④**挂云堂：** 挂，即挂单，又称挂搭、挂锡。僧人游方行脚，入僧堂将其所携之衣被等挂在堂内的钩上，有依住丛林的意味。云堂，即僧堂，由僧众聚集多如云，故称云堂。

⑤**五乘：** 教化众生将之运载至理想世界的五种法门。通常指：（一）人乘，（二）天乘，（三）声闻乘，（四）缘觉乘，（五）菩萨乘。华严、净土、天台等宗派对此有不同的解释，但大同小异。这里用五乘代表佛教基本知识。

⑥**大限：** 指人的寿数，也指死期。

译文

损害自己，利益他人，这是僧家本具之义。损害他物，安己之身，这不是释子的道理。僧家具有赏善罚恶的能力，用以评断是非不平之事。若是先人后己，那就符合诸佛的慈悲心肠；如果你死我活的争斗，那就违背六和妙行。当主人的倘若存仁义，就会感动十方僧徒云集；如果私下接受人情，就会招来恶名，远播千里之外。当客人的，怀恭敬之心，彬彬有礼，有仁义就可以到处安身；苟且取物、志意猖狂，无仁义就会到处惹怨。

现今我们有幸生在这佛法教化之地，能够仰赖佛门，度脱万丈火坑，抛弃千里罗网，如囚犯出狱，如鸟雀开笼。行走于布满黄金的积善之地，住在有七宝而无灾殃的地方。天龙恭敬，鬼神钦仰。不养蚕而穿好衣服，不耕田而吃好饭食。哪里用得着贪图利益而结怨，行不义去获取财物；求微不足道的虚名，闭塞人天的平坦大路；取空幻的小利，穿地狱的深坑。今生结下怨恨，后世受其余殃。即使金玉满堂，也是缠缚自己身体的；即使绫罗绸缎满箱，也会使子孙争斗，罪业深重。

欲求少，用度俭，可免于烦恼攻心；知足常乐，除去贪婪，把馨香传播到意识里。或住在佛寺中，或挂单于僧堂。不要论他人是非，只反省自己过错。若果有高才，手捧佛典，研穷精究；志意浅薄的，阅览五乘，每日课诵。切不要嘴里说慈悲，心里怀狠毒，面上带笑，心里藏刀。贫穷的人不周济，对老人不怜悯，忘掉父母养育的深恩，违离师长提携的厚德。像这样的心肠，减退十方施主信佛之心；执持虚假，迷惑真理，招来四海英贤的讥诮。

所以叮咛大家，劝谕大家，须要仔细，精勤专一。听到我这番话的，破除我慢；看到我这篇文字的，杜塞昏迷。希望你们都能秉持信奉，愿你们都能回心向善。

只应该来世转生胜过今生，不要今生胜过来世。奉劝大家，须要快快觉悟，等到大限临头时，后悔就来不及了。

21 东山演禅师送徒弟行脚

原典

东山演禅师[①]送徒弟行脚[②]

大凡行脚，须以道心为重，不可受现成供养，等闲过日。须将生死二字贴在额头上，每日十二时中裂转面皮，讨个分晓始得。若只随群逐队，打哄过日，忽然死了，阎罗老子打算饭钱，莫道我不曾说与尔来。若是做工夫，须要时时检点，刻刻提撕，那里是得力处，那里是不得力处；那里是打失处，那里是不打失处。若如此检点做工夫时，定有到家时候。

有一等办道[③]人，经又不看，佛又不礼，才上蒲团便打瞌睡，及至醒来，胡思乱想。才下蒲团，便与人说杂说。若是如此办道，至弥勒佛下生时，也未有入手底时节。须是猛着精采，提一个“无”字，昼参夜参，与他厮睚。不可坐在无事甲[4]里。又不可在蒲团上死坐，须要活弄。恐杂念纷飞起时，千万不可与他厮睚，转斗转多。有人到这里不识进退，解免不下，成疯成颠，坏了一生。宜向纷飞起处轻轻放下，转身下地行一遭，又上蒲团。开两眼，捏两拳，竖起脊梁，依前提起所参话头，便觉清凉。如一锅沸汤搀一杓冷水相似。若如此做工夫，日久岁深，自有到家时节。

工夫未入手，不可生烦恼，恐烦恼魔入心。若觉得力，不可生欢喜，恐欢喜魔入心。种种禅病，说之不尽。如众中有老成道伴，千万时时请益；若无，将前辈祖师教人做工夫语言看一遍，如亲见相似。如今向此道者，难得其人，千万努力向前。望汝早早打破漆桶[5]，归来与老僧揩背[6]。偈曰：

瞻风拨草[7]离家时，
一念途中善护持。
近日丛林风味别，
脚头到处着便宜。

注释

①**东山演禅师：**名法演。因曾住湖北黄梅之双峰山，

山在县境之东，故称东山法演。又因禅宗之五祖弘忍曾住此山，故又称五祖山，法演又称五祖法演。法演为北宋临济宗杨岐派大德，绵州巴西（今四川绵阳）人，年三十五始出家，游学成都，习百法、唯识诸论。后遍参圆照宗本、浮山法远等，又投白云守端，精勤参究，廓然彻悟。晚年住湖北黄梅五祖山东禅寺。

②**行脚**：又作游方、游行。禅僧无一定居所，或为寻访名师，或为自我修持，或为教化他人而广游四方。游方之僧，称为行脚僧。

③**办道**：指修行、成办道业、精进佛道等。唐代初期之禅宗未有办道一词，至中唐五家七宗之宗风形成后，才被广泛使用。

④**无事甲**：甲，甲壳之义。无事甲即无事禅。无事禅是宋临济宗大慧宗杲自看话禅立场对无所省悟亦不致力于省悟的禅法的称呼。

⑤**打破漆桶**：禅林用语，指大彻大悟的境界，豁然开悟的状态。

⑥**揩背**：禅林用语中有“金刚给泥人揩背”句。此处用来喻自己为泥人，徒弟为金刚。

⑦**瞻风拨草**：又作拨草瞻风、拨草参玄。谓拨开无明之荒草，瞻望佛祖之玄风。即截断妄想，参究玄妙之意。又指跋涉险路，瞻仰善知识之德风。这里是指后者。

译文

大凡游方僧，必须以道心为重，不可接受现成供养，轻轻松松过日子。必须把生死二字贴在额头上，牢牢记着，每天十二时辰，讨求生死大事才好。如果只是随群逐队，哄哄闹闹过日子，一旦忽然死了，阎王老子算饭钱时，别说我不曾给你说过。要是做功夫，必须时时检点自己，刻刻提醒自己，哪里是对修行有帮助的，哪里是对修行无帮助的；哪里是错处，哪里是不错处。若果能这样做功夫，一定有功夫圆满的时候。

有一种学佛法的人，经又不看，佛又不拜，才坐到蒲团上就打瞌睡，等到醒来，胡思乱想。才下蒲团，就和人说闲话。若是这样学佛法，到弥勒佛降生下界，也没有入道的时候。必须勇猛精进，提起一个“无”字不放，白天参，晚上参，和它厮挨厮守，不能坐在无事禅的甲壳里。也不能在蒲团上死坐，必须要灵活。在杂念纷纷生起的时候，千万不能和它死挨硬斗，杂念越和它斗它就越多。有的人到这里不知如何是好，解不开，结果成疯成癫，一生做了废人。应该在念头纷纷生起时将它轻轻放过一边，转身下地走一圈，再上蒲团。睁开双眼，攥几下拳头，挺起脊梁，接着先前，重新提起所参话头，便会觉得清凉。好像一锅开水掺一勺冷水一样。

如果能这样做功夫，日久年深，自有得道的时候。

功夫还未入门时，不可生烦恼，这是恐怕烦恼魔入到心里。如果觉得得力，也不能生欢喜，这是恐怕欢喜魔入到心里。修禅的种种弊病，说也说不完。如果僧众中有阅历多的年长道伴，千万要时时记着向他们请教；如果没有，就须将前辈祖师教人做功夫的语言看一遍，就如亲见前辈祖师一样。现今做这种功夫的人很难得到，大家千万要努力向前。希望你们早早大彻大悟，归来给老僧揩背。偈曰：

离开家园寻善知识，
一路之上护持此念。
近日禅林门风不同，
四处行脚得益匪浅。

22　石屋珙禅师结制小参

原典

石屋珙禅师[①]结制[②]小参[③]

佛祖门风将委地，说着令人心胆碎。扶持全在我儿孙，不料儿孙先作弊。纷纷走北向奔南，昧却正因营杂事。满目风埃满面尘，业识茫茫无本据。纵饶挂搭在僧堂，直待版[④]鸣归被位。聚头寮舍鼓是非，收足蒲团便瞌睡。痴云叆叇[⑤]性天昏，石火交煎心鼎沸。暂时寂寂滞轻安[⑥]，一向冥冥堕无记[⑦]。百丈清规不肯行，外道经书勤讲义。因果分明当等闲，罪福昭然浑不惧。

或迁一榻一间房，放逸总由身口意。头上瓦，脚下砖，身上衣，口中味，一一皆出信心檀越人家施。未成道业若为消，扪心几个知惭愧！今日三，明日四，闲处光阴尽虚弃。一朝老病来相寻，阎翁催请死符至。从前所作业不忘，三涂七趣[8]从兹坠。袈裟失却复再难，鳞甲羽毛披则易。

看他古之学道流，直忘人世轻名利。煮黄精，煨紫芋，饭一抟，水一器，为疗形枯聊接气。石烂松枯竟不知，洗心便作累生计。物外清闲一味高，世上黄金何足贵！劫空田地佛花开，香风触破娘生鼻。[9]选佛场[10]中及第归，圆觉伽蓝[11]恣游戏。兹因结制夜小参，不觉所言成此偈。

注释

①**石屋珙禅师**：名清珙，元代僧，临济宗十八世孙。高丽国僧人普愚（公元一三〇一——一三八二年）曾参访清珙有省，清珙付以袈裟，以表信征。因此普愚为高丽传临济宗嫡流之第一人。

②**结制**：亦称安居、结制安居。意译为雨期。起于印度雨期中为防止外出踩杀虫类及草树新芽，故禁止外出，聚居一处修行。结制为佛教清规的主要项目，日期在每年阴历四月十五至七月十五日。结制期间，讲习礼仪，以便期内安心修道。

③**小参**：禅林用语，指随时说法，以别于上堂说法

之大参。小参无定所，一般在日暮时鸣钟，视僧人多寡，在寝堂、法堂、方丈处升座说法。内容有法语、宗要及日常琐细。结制小参指结制期间的小参。

④**版：** 通常作“板”，打鸣器具之一。板挂于寺院内一定场所，报知时刻或集会时敲打。大多为木制，板面上并书写“生死事大”等偈语。

⑤**叆叇：** 云盛貌。

⑥**轻安：** 即身心轻利安适，与昏沉相对。

⑦**无记：** 一切法分为善、不善、无记三种。无记即非善非不善。因为它不能记为善恶，故称无记。

⑧**三涂七趣：** 三涂见前。七趣指地狱、饿鬼、畜生、人、神仙、天、阿修罗。

⑨**劫空田地佛花开，香风触破娘生鼻：** 劫空，同空劫。禅林用语。佛教认为世界的生灭过程为成住坏空四劫。劫空指世界已坏灭殆尽，在欲界色界中，唯有四禅天尚存，其余多入于空虚中。“劫空田地佛花开，香风触破娘生鼻”，指大彻大悟，转识成智，得圆满结果。

⑩**选佛场：** 原指僧众坐禅起居之所，这里指从事佛教修行之处。

⑪**伽蓝：** 梵文音译，意译为众园。又称僧院、僧园。原指僧众所居之园林，一般指寺院。

译文

佛祖的遗风将要扫地以尽了，说起来令人心胆俱碎。扶持门风全在我们这些后辈儿孙，没想到后辈儿孙先生出种种弊端。大家纷纷四处奔走，但不是为了修行而是经营杂事。满面风尘，但业识茫茫，丧失本根。即使在僧堂挂单，到板头一响各归被位。聚在寮舍中拨弄是非，坐在蒲团上，一收脚便瞌睡来。被痴云笼罩，自己本性迷失，心扰扰纷乱如火煎熬。暂时的沉寂也只是身体滞留在安适中，一向心地不明，堕在无记。百丈清规不肯奉行，佛教之外的书籍却勤勤讲习。将佛教因果看作等闲，罪福昭然一点也不惧怕。

或者迁到一张床一间房的屋子里去，放纵造身口意三业。僧家头上的瓦、脚下的砖、身上的衣、口中的食，一一皆出于敬信佛教的施主施与。道业修不成怎能消受得？扪心自问，有几个知道惭愧的！今天三个，明天四个，光阴白白地浪费掉。一旦老病至身，阎王老子请你去，死符来催。从前所做的孽消失不掉，堕入三涂七趣。失掉袈裟，再穿就难了，转生鳞甲、羽毛、虫豸、鸟兽却很容易。

看古来学佛的，忘掉俗世，轻视名利，煮黄精，烤紫芋，一团饭，一钵水，这都是为了不至饿死，能够存活。石烂松枯他不知道，澄净心念是为了防止它累害生命。他超然物外，清闲自在，行持高洁，黄金何足珍贵！到劫空的时候，佛花开放，香风碰破娘生的鼻头。选佛场中已经合格，圆觉僧园中可以纵情游戏。因为结制夜中小参，不觉将所说的意思作成这首偈。

23　中峰和尚诫闲

原典

中峰和尚[1]诫闲

世人未有不以闲散为乐而共趣之。逆问其故，乃曰：昔尝以荣辱是非，累日与事物相交驰，心志劳而形体惫，以至结于情想，接于梦寐。静而思之，人生几何？不得一日之安，虽富贵奚益也？

由是一切弃之，思欲行歌坐忘，观青天白云，以自放浪于事物之表。或有避父师之训，厌身世之劳，望治生如避水火。必欲拔尘远俗，以遂其间。余曰：忙固劳形役虑也，闲则坐消白日，又何益于理哉？二者皆欣厌之情妄耳。故圣人有动静二相了然不生之旨，正不必厌此忙而欣彼之闲也。

余将直言之：夫人欲学入世间之道，苟不服勤劳役，则事无贵贱，皆无由成。然悟世间虚妄，欲究圣贤出世之道，倘不忘餐废寝，则根无利钝，又何从而得之。故雪山大士舍身命[②]如微尘数，事知识如恒河沙[③]，积劫迨今，历试诸难，盖欲示后学者知道之不易闻也。

故入世间则忠于君，孝于亲，悉尽其义，不可不忙。出世间则亲师择友，朝参暮扣[④]，以尽其道，又不可不忙。既尽其义，又尽其道，将见体如泰山之不动，心等太虚之无为，岂一“闲”字可与同日语哉！或入世不能尽其义，出世不能尽其道，惟孜孜以安闲不扰为务，而不肯斯须就劳者，故圣人斥之为“无惭人”。凡有识者，安肯负此无惭，而复嗜闲于疏散之域也？余故书此，以为投闲者之诫。

注释

①**中峰和尚：**名明本，元代临济宗僧，杭州钱塘（今浙江杭州）人。幼于天目山参谒高峰原妙，二十四岁从高峰出家，并嗣其法。自此居无定所，世誉为江南古佛，元仁宗、英宗皆诏请。遗有《广录》三十卷。又称智觉禅师、普应国师。

②**舍身命：**指舍弃身命，以供养佛等。或布施身肉

予众生，乃布施行为的最上乘。

③**恒河沙：**又作恒沙、恒河沙数。恒河沙粒至细，其量无法计算。诸经中凡形容无法计算之数，多以恒河沙为喻。

④**扣：**同叩，即询问。

译文

世人没有不以闲散为乐而都去追求的。推问这其中的缘故，有人说过去曾经整天和外部事务打交道，陷在是非荣辱中，心智劳瘁，身体疲惫，以至于思虑结在情想中，结在梦幻中。静下来一想，人生才有多长？一天得不到安心，即使富贵，又有什么用呢？

由此一切抛却，想走着唱歌，坐着忘怀一切，观看青天白云，自我放浪于事物之外。有的为了避开师长父母的诲训，厌烦世中各种辛劳，怨恨经营世俗生活，如避水火一般。想安然超出世俗生活，以遂他的心愿。我对他说：忙固然劳瘁身体，费心伤神，闲也会白白地消磨时日，这于理又有什么益处呢？二者或欣喜或厌烦，都是妄情。所以圣人有动静两种相皆了然不生起的意旨，正不必厌弃忙而喜欢闲散。

我对你直说，人想学入世的各种本领，假如不勤苦辛劳，那么不管大事小事都不会成功。但觉悟世间是虚妄的，欲研求圣贤出世之道，若不废寝忘食，那么不管是钝根人还是利根人，都无法得到。所以释迦牟尼无数次舍弃身命，无数次事善知识，积无量劫至今，经历无数苦难，是为了让后来学佛法的人知道佛法是不容易得到的。

所以，入世间，则对君尽忠，对父母尽孝，各尽应该承担的义务，这不能不忙。出世间，则亲近名师，选择道友，早参求，晚叩问，以完成他的道业又不能不忙。入世既能尽义，出世又能尽道的人，将会看到他身如泰山一样巍然不动，心像太虚一样无为，一个“闲”字怎能与他同日而语！有的人入世不能尽义，出世不能尽道，惟一心追求安适闲静，心不纷扰，不肯辛劳一会儿，所以这种人圣人斥之为“无羞耻的人”。凡有心识的人谁愿担这不知羞耻的恶名而去追求闲散呢？我之所以写这些，是为了给追求闲散的人一个警诫。

24 黄龙死心新禅师小参

原典

黄龙死心新禅师[1]小参

夫小参者，谓之家教。何谓家教？譬如人家有三个五个儿子，大的今日干甚事，小的今日干甚事，是与不是，晚间归来，父母一一处断。丛林中亦复如是，院门今日干甚事，是与不是，住持人当一一处断。观今之时节，丛林淡薄，人根狭劣，不可说也。有一般破落户长老，驰书达信，这边讨院住，那边讨院住。才讨得院住，便拣个好日入院。又道我是长老，方丈[2]里自在受快活。这般底唤作地狱滓。如今丛林中，若论参禅，固是难得其人。我看见尔这一队汉，在这里心愤愤口悱悱，道我会禅会道。入方丈里趁口快撑，两转语[3]便行。不是这个道理。

又有一般汉，影影响响认得个顽空[④]，便道只是这个事。又有一般道："见虚空里光影。"又有一般道："无有不是者错了也，救不得了也。"这般底只宜色身[⑤]安乐。莫教一顿病，打在延寿堂[⑥]内，如落汤螃蟹，手忙脚乱。见神见鬼，这边讨巫师，那边讨医博，卜凶卜吉，问好问恶。尔不见，我佛如来为三界[⑦]医王，四生[⑧]慈父，医一切众生心病。只为尔不信自心，向外驰求，被邪魔魍魉入尔心中，做得许多见解。

要识尔自心么？如太阳当昼，天下皆明，那里更有暗处。若到这个田地，亦无吉凶爻象，亦无是非好恶，便能向是非头上坐，是非头上卧，乃至淫坊酒肆、虎穴魔宫，尽是当人安身立命之处。只为尔无量劫来业识浓厚，心中趫趫欹欹[⑨]，繘繘綷綷[⑩]，信之不及，便被世间情爱缠缚得来七颠八倒。江南人护江南人，广南人护广南人，淮南人护淮南人，向北人护向北人，湖南人护湖南人，福建人护福建人，川僧护川僧，浙僧护浙僧。道我乡人住院，我去赞佐他；一朝有个不周，全翻作是非，到处说，苦哉！苦哉！恁么行脚，掩彩杀人，钝置杀人。若是个汉，一画画断，多少自由自在！若也画不断，处处被爱之所缚：爱色被色缚，爱院被院缚，爱名被名缚，爱利被利缚，爱身被身缚……

尔何不退步思量，尔这臭皮袋[11]有甚么好处？当时只为尔有一念爱心，便入母胎中受父精母血，交构成一块脓团。母吃热时便受镬汤地狱[12]，母吃冷时便受寒冰地狱[13]；及至撞从母胎里出来，受寒受热，受饥受饱，受病受苦，煎煎逼逼，直至今日。只为不能返观，便有许多是非生灭，我生尔死、尔死我生、生生死死、死死生生，随业受报，无有休时。近来又有一般奴狗，受雇得钱买度牒[14]，剃下狗头，披佛袈裟，奴郎[15]不辨，菽麦不分，入吾法中，破坏吾法。一向装裹个浑身，挼腰捺胯，胡挥乱擊，要做大汉。大汉不恁么做。要做大汉，须是退步，莫面前背后，奴唇婢舌，嫌好道恶，说这里饮食丰厚，那里寮舍稳便。不消得如此！

诸上座，人身难得，佛法难闻。此身不向今生度，更向何生度此身？尔诸人要参禅么，须是放下着。放下个甚么？放下个四大五蕴[16]，放下无量劫来许多业识，向自己根脚下推穷，看是甚么道理。推来推去，忽然心华发明，照十方刹[17]。可谓得之于心，应之于手，便能变大地作黄金，搅长河为酥酪[18]。岂不畅快平生！莫只管册子上念言念语，讨禅讨道。禅道不在册子上。纵饶念得一大藏教[19]，诸子百家，也只是闲言语，临死之时总用不着。

古人悟了，方求明师决择，去其砂石，纯一真实，秤斤定两。恰如人开杂货铺相似，无种不有。来买甘草，便将甘草与他；来买黄连，便将黄连与他。不可买黄连却将甘草与他。又似尔有一块金，将入红炉里锻炼。炼来炼去，炼得熟也，方上钳锤，打作瓶盘钗钏。瓶重几两，盘重几两，一一分明，然后却将此瓶盘钗钏镕成一金。唤作一味平等法门。若不如此，尽是侊侗真如，颟顸[20]佛性。

尔还会么？尔还信么？山僧适来答这僧四转语道：“死中有活，活中有死；死中怕死，活中怕活。”将此四转语验尽天下衲僧。且道，天下衲僧将什么验？良久云：“大体还他肌骨好，不搽红粉也风流。”

注释

①**黄龙死心新禅师：** 黄龙，临济宗支派，禅宗五家七宗之一，以黄龙慧南为宗祖。因慧南住江西隆兴黄龙山，故名。慧南常设生缘、佛手、驴脚三转语勘辨学者，世称黄龙三关。入南宋后，杨岐派兴盛，黄龙派渐趋衰颓。死心新，名悟新，号死心叟。参晦堂祖心得悟，并嗣法晦堂。

②**方丈：** 一丈见方之室。禅寺中住持的居室或客殿。转而指禅寺的住持，或对师父的尊称。

③**转语**：禅林用语。随机宜自由自在转变词锋之语，称作转语。在禅者迷惑不解、进退维谷之际，师家为令禅者解悟，蓦地翻转机法而下转语。有“一转语”“三转语”等称。

④**顽空**：谓湛然长寂、无为无物之空，与大乘涅槃之妙空、第一义空不同。

⑤**色身**：即肉身、有形质之身，与无形质之法身、智身相对。

⑥**延寿堂**：禅林中有病僧人疗病、修养之所，有乞求延长色身寿命而延续法身慧命之义，故称延寿堂。又称将息寮、涅槃堂、无常院等。

⑦**三界**：即众生所居住的欲界、色界、无色界。

⑧**四生**：三界六道有情产生的四种类别，即（一）卵生，（二）胎生，（三）湿生，（四）化生。这里指一切有情众生。

⑨**趫趫攲攲**：不正貌。

⑩**繘繘綷綷**：原指绳索，此处指不爽利。

⑪**臭皮袋**：禅林用语。又作臭皮囊，用来贬称人的肉体。

⑫**镬汤地狱**：据佛经，即以锅煮沸汤，置罪人于其中，以惩罚他生前罪行的地狱。

⑬**寒冰地狱**：即大寒风吹到罪人身上，令其全身冻

伤，皮肉堕落而死的地狱。

⑭**度牒**：在中国、日本，由官方颁发出家得度僧侣的证明书。一般颁发给试经合格者，但也有特恩或交纳香火钱购买度牒的。

⑮**奴郎**：奴仆和主人。

⑯**四大五蕴**：四大，佛教认为物质由地、水、火、风四大要素构成。即(一)本质为坚性，而有保持作用者，称为地大；（二）本质为湿性，而有摄聚作用者，称为水大；（三）本质为暖性，而有成熟作用者，称为火大；（四）本质为动性，而有生长作用者，称为风大。五蕴，又叫五阴、五聚，三科之一。蕴是聚积、类别的意思，包括色蕴（一切物质）、受蕴（感觉）、想蕴（想象）、行蕴（意志）、识蕴（认识）。

⑰**十方刹**：刹，梵语音译，意为土田、国、处等，或梵汉合称为刹土。十方刹即宇宙一切处。

⑱黄金、酥酪：这里都指道果。

⑲**一大藏教**：指释迦牟尼所说的经、律、论三藏教法为佛教的教说，故称一大藏教。

⑳**颟顸**：糊涂的意思。

译文

小参，可以叫作家教。什么叫家教？譬如一家人有三个五个儿子，大儿子今天做什么事，小儿子今天做什么事，做得对不对，晚间回来，父母一一处断。丛林中也是这样，院中众僧今天做什么事，做得对不对，住持一一处断。看现今，丛林淡薄，人的根性狭陋庸劣，简直不能说。有一种破落户长老，到处写信，这边讨院住，那边讨院住。才讨得院住，便拣好日子入院。又说我是长老，应在方丈室自在快活。这样的人叫作下地狱种子。现如今的丛林中，要论参禅的人，实在是难得。我看见你们这一队汉，在这里心里忿忿不平，口里碎言碎语，说我会参禅会悟道。进到方丈室，接话茬便说，下两个转语便走。参禅不应该这样。

又有一种汉，肤浅潦草，认得个顽空，就说只有这个空。又有一种人说："错认虚空里光影为真实。"又有一种人说："否定真心是充塞大千，处处皆是，说这话的人救不得了。"这种人只宜于身体上的享乐。不要教一场病，打在延寿堂里，如落汤螃蟹，手忙脚乱。自称见神见鬼，这边请巫师，那边请医生，卜问吉凶好坏。君不见，我佛如来是三界的医王，四生的慈父，医治一切众生的心病。只因为你们不信自心，向外驰求，被邪魔魍魉进入心中，因此心中滋生许多见解。

要认识你们的自心吗？它就好像太阳当空，天下皆明，哪里还有暗处。如果到这个境界，没有吉凶，也没有是非好恶，便能向是非头上坐，是非头上卧，以至于妓院酒馆、虎穴魔宫，都是人安身立命的地方。只因为你们无始以来，业识深重，心中不是堂堂正正，不是爽爽利利，自信不及，便被世间的情爱缠缚得七颠八倒。江南人袒护江南人，广南人护着广南人，淮南人护着淮南人，北方人护着北方人，湖南人护着湖南人，福建人护着福建人，四川僧护四川僧，江浙僧护江浙僧。说我同乡人当院主，我去辅佐他；一旦有不周全的地方，便成了是非，到处去说，真是苦啊！那样的行脚游方，没意思透了！猥琐透了！若是条汉子，一画划断，多么自由自在！如果划不断，处处被爱绑缚：爱色被色缚，爱院被院缚，爱名被名缚，爱利被利缚，爱身被身缚……

你们为什么不退一步想想，你这臭皮袋有什么好处？只因为你当时有一念爱心，便进入母胎中受父精母血，交构成一块脓团。母亲吃热东西时便受镬汤地狱之苦，母亲吃冷东西时便受寒冰地狱之苦；等到从母胎里撞将出来，受寒受热，受饥受饱，受病受苦，痛苦煎熬，直到今天。只因不能反观本始，便会生出来许多是非生灭，我生你死、你死我生、生生死死、死死生生，随所造之业受报应，没有停止的时候。近来又有一种狗奴才，受别人雇佣，得到工钱买度牒，剃了狗头，披上袈裟，分不清主奴，辨不清豆麦，入我佛法中破坏我法。经常浑身穿戴起来，伸腰撒胯，胡挥乱叫，要做大人物。大人物不那么做。要做大人物，必须谦让，不能当面背后搬弄是非，说这里饭食好，那里寮舍方便。不能这样做。

诸位上座，人身不容易得，佛法不容易求。此身不向今生度，又向何生度此身？你们要参禅么，必须放下！放下什么？放下四大五蕴，放下无量劫来薰习的许多业识，向自己身上推求，看是什么道理。推来推去，忽然心花发明，万象毕照。这种境界，可以叫作得之于心，应之于手，就能变大地作黄金，变长河为酥酪。岂不畅快平生！不要在书本上念，不要只在经典中讨禅讨道。禅和道不在书本上。即使能念一大藏教，诸子百家书，也只是闲言语，对于生死大事用不着。

古人悟了才去求明师帮他抉择，去掉泥沙，纯化真金，看有多少分量。这时恰如人开杂货铺，什么货都有。来买甘草，就把甘草给他；来买黄连，就把黄连给他。不能买黄连却把甘草给他。又比如你有一块金，送入洪炉中烧炼，然后锻打。炼来炼去炼得熟了，再上钳锤打成瓶盘钗钏。瓶重几两，盘重几两，一一清楚，然后却把这瓶盘钗钏熔铸成一块金。这叫作一味平等法门。如果不能这样，都是笼统真如，颟顸佛性。

你们知道吗？你们信这些吗？我刚才回答这个僧人四句转语："死中有活，活中有死；死中怕死，活中怕活。"用这四句转语可以验尽天下的僧人。且道："天下僧人用什么验证他？"过了一会儿说："只要身材好，肌骨生得匀称，不搽红粉也是风流的。"

25　褒禅山慧空禅院轮藏记

原典

褒禅山慧空禅院轮藏[1]记

无为居士杨杰[2]作

法界[3]本无众生，众生缘乎妄见；如来本无言教，言教为乎有情。妄见者，众生之病；言教者，如来之药。以药治病，则病无不治；以言觉妄，则妄无不觉。此如来不得已而言，贤智不得已而述也。故阿难陀[4]集而为经，优婆离[5]结而为律，诸菩萨衍而为论。经、律、论虽分乎三藏，戒、定、慧盖本乎一心。藏以示其函容，心不可以凝滞。

是以双林大士[6]接物随机，因权表实，聚言教而为藏，载宝藏而为轮。以教依轮，则教流而无碍；以轮显教，则轮运而无穷。使被其教者，理悟变通；见其轮者，心不退转。然后优游性海⑦，解脱意筌⑧，无一物不转法轮，无一尘不归华藏⑨。非有深智者，其孰能与于此哉？

注释

①**轮藏：**将藏经楼中所用的书架设置机轮，便于旋转，称为轮藏。又作转轮藏。轮藏创始于梁代善慧大师傅翕。

②**杨杰：**北宋著名居士，安徽无为人，字次公，号无为子。少年登科，即好禅。曾谒天衣义怀，蒙印可。后会芙蓉道楷，晚年归心净土。

③**法界：**意义广泛。这里指意识所对的所有事物。

④**阿难陀：**简称阿难，佛陀十大弟子之一，是释迦牟尼的堂弟，出家后二十余年间是佛陀常随弟子。善记忆，对佛陀的说法多能记诵，故誉为多闻第一。

⑤**优婆离：**佛陀十大弟子之一，精于戒律，修持严谨，誉为持律第一。于第一次经典结集时，背诵出律部。

⑥**双林大士：**名傅翕，号善慧，世称傅大士、双林大士。南朝梁代禅宗著名尊宿，与宝志共称为梁代二大士。年二十四，入乌伤（今浙江义乌）县松山双梼树下结庵，自号“双林树下当来解脱善慧大士”，苦行七年。

通儒道典籍。梁大通间，遣弟子上书梁武帝，献上中下三善之策。为便于读大藏经，建有轮藏，令众转之，可得大利益。撰有《心王铭》等。

⑦**性海：**本性之海。比喻真如理性深广如海。

⑧**意筌：**指意识的束缚。筌本是捕鱼之具，引申为束缚、牢笼。《庄子·外物》有“得鱼而忘筌”的话，“意”是佛教所当忘的，故称意筌。

⑨**华藏：**全称莲花藏世界。《华严经》所说庄严、平坦、平等的世界，其中有不可说微尘数之香水海，一一香水海中有不可说微尘数之世界。

译文

法界中本来没有众生，有众生是由于妄见；如来本来没有言教，有言教是为了有情众生得度。妄见，是众生的病；言教，是如来的药。以药治病，没有治不好的病；以言教觉悟妄见，妄见没有不觉悟的。这就是说，如来是不得已而言的，贤智之人是不得已而述的。所以阿难集如来所说的话为经，优婆离结如来所定的戒条为律，诸菩萨演绎而成为论。经律论虽然分为三藏，而戒定慧却本乎一心。藏表示的意思是含容，心不可以凝滞在一方。

双林大士随机缘接引世人，用方便说法来表现实相，搜集言教而为经藏，载经藏而为轮藏。以言教依从轮藏转，则教能流布而无碍；以轮藏彰显教法，则法轮转动无穷。使接受佛教的，悟得教理，知道变通；见到轮藏的，心不退转。然后悠然自得，在真如性海中遨游，解脱意识的束缚。在此境界，无一物不转法轮，无一尘不归华藏。没有深彻智慧的人，谁能知道这一点呢？

26　慈照聪禅师住襄州石门请查待制为撰僧堂记

原典

慈照聪禅师[1]住襄州石门请查待制为撰僧堂记

乾明寺者，去郡百里，古曰石门，因敕[2]易之。高山峻谷，虎豹所伏，岐路硗确[3]，人烟夐绝。非志于道者，罔能栖其心也。游宦之徒，羁束利名，虽观其胜绝，而罕能陟其境。道守郡日知有学者，法字守荣，自雍熙五年[4]参寻而至。后安禅之堂卑隘堕坏，于是发心重构，克坚其志。聚落求化，多历年所。召良工，市美材，迄景德三年[5]始告成。凡五间十一架。春有学徒慧果，携锡[6]至京，请余识之，将刊于石。乃书曰：

自佛法广被，达磨西来，具信根者求证本源，星居旷野，蔽身草木，衣不御寒，食不充腹。及正法渐漓，人法替怠，百丈禅师乃营其栋宇，以安老病。迩来禅刹竞构宏壮，少年初学恣卧其间，殊不知化缘者劳形苦骨，施财者邀福忏罪。明因果者如卧铁床[⑦]，若当冤敌，自非朝夕，密密增长圣胎。其次亲善知识者，志求解脱，可以暂容其形，龙神攸护。其或心汩盖缠，身利温暖，不察无明[⑧]，不知命缩，惟记语言，自谓究竟。韶尽迁谢，堕彼恶趣。丈夫猛利，得不动心者哉。

荣公生凤翔[⑨]虢邑，出家于雍州鄠县[⑩]白云山净居禅院。大中祥符二年[⑪]四月八日记。

注释

①**慈照聪禅师：**名蕴聪，宋代临济宗僧，广东南海人。初参百丈道常，又参首山省念，得悟。后参问当时名宿多人。住襄州（今湖北襄阳）石门山，谥慈照。本篇即住石门山时请查待制所撰。

②**敕：**自上命下之词，特指皇帝的诏书。

③**硗确：**亦作“硗埆”，原指土地坚硬贫瘠，此处指丛杂荒凉。

④“雍熙五年”，此处有误。雍熙是宋太宗赵光义年号，仅四年（公元九八四—九八七年）。

⑤**景德三年：**景德，宋真宗年号。景德三年是公元

一〇〇六年。

⑥**锡**：锡杖。锡杖的用处，原为驱赶毒蛇、行乞时摇动使人闻知，或老年人扶拄之用。后世则成为一种法器。

⑦**铁床**：十八重地狱之一。

⑧**无明**：烦恼之别称，即暗昧事物，不通达真理，不明白事相或道理。根据佛教十二因缘的说法，无明为一切烦恼的根本。

⑨**凤翔**：今陕西凤翔县。

⑩**鄠县**：今作“户县”，亦在陕西。

⑪**大中祥符二年**：大中祥符，宋真宗年号。大中祥符二年即公元一〇〇九年。

译文

乾明寺离襄州城百里，古称石门寺，因敕令改名。高山峻岭，虎豹藏伏，小路丛杂荒凉，人烟稀少。非有志于道者不能栖心于此地。做官的人为名利羁绊，虽知其风景佳胜，但绝少亲临其地。郡中大和尚日知长老有位来学者，法名守荣，自雍熙五年游方至此参学。后因禅堂窄小卑湿且又坍塌，于是发愿重造，志意非常坚定。他到村庄中去化缘，经历许多年。召来好工匠，买来好材料，开始造禅堂，到景德三年才告成。禅堂共五间十一架。这年春天有参学僧人慧果带着锡杖到京师，来请我写篇文章记这件事，将刻到石上。我写道：

自从佛法广泛流传，达磨从西方来，具有求佛信根的人为了证得本源，散居于荒僻的地方，蔽身于草木之中，衣服不能御寒，食物不能充饥。待到正法日渐浇漓，人法日渐衰微，于是百丈怀海乃营造堂舍，以使老病之僧居住有所。近来禅寺的建造互争宏伟壮丽，年轻的初学者随己意住在里面，一点也不知道化缘者身体劳瘁，一点也不知道施舍财物的人目的在求福忏罪。明白因果的人住在这样的房子里好似坐在热铁床上，好似面对怨敌，故不管早晚，都在秘密增长圣胎。其次亲近善知识的人，志在求解脱，佛寺可以暂时容纳他，这样的人龙神会保护。如果心被妄情汩没、缠绕，追求温暖宽敞的房舍，不察自己的无明是否灭除，不知生命在一天天消耗，只记着语言，认为这就是最根本的。等到光阴过完，人死了，堕在恶道中。大丈夫勇猛精进，才能得到不动心的境界。

守荣生于凤翔虢邑，出家在雍州鄠县白云山净居禅院。大中祥符二年四月八日记。

27　司马温公解禅偈

原典

司马温公[1]解禅偈

文中子[2]以佛为西方圣人。信如文中子之言，则佛之心可知矣。今之言禅者，好为隐语以相迷，大言以相胜，使学者怅怅然，益入于迷妄。故予广文中子之言而解之，作解禅偈六首。若其果然，则虽中国行矣，何必西方；若其不然，则非予之所知也。

忿怒如列火，利欲如铦锋。
终朝长戚戚，是名阿鼻狱。
颜回[3]安陋巷，孟轲养浩然[4]。
富贵如浮云，是名极乐国。

孝弟通神明，忠信行蛮貊⑤。
积善来百祥，是名作因果。
言为百代师，行为天下法。
久久不可掩，是名不坏身。
仁人之安宅，义人之正路。
行之诚且久，是名光明藏⑥。
道德修一身，功德被万物。
为贤为大圣，是名佛菩萨。

注释

①**司马温公：**北宋名相司马光。字君实，陕州夏县（今山西夏县）人。宝元进士。仁宗时，初任地方官，后进龙图阁直学士，献《通志》八卷。神宗时，任翰林侍读兼学士，《通志》赐名《资治通鉴》，受命续编。王安石行新法，起而反对。辞归洛阳。哲宗即位，他以旧党领袖召拜门下侍郎。次年主持朝政，废除新法，罢黜新党。病卒后，赠太师、温国公。另有《文集》《稽古录》等。

②**文中子：**名王通，隋代大儒，门人私谥文中子。绛州龙门（今山西稷山县西）人。幼从父受业，后广学儒家经典，隐居河汾间，以著书讲学为业，反复讲述兴

六经倡儒学的重要。又倡儒释道合一。仿《论语》，敷为《中说》一书，又名《文中子》。

③**颜回**：孔子最得意的弟子。字子渊。《论语》说颜回吃粗陋的饭食，住在偏僻的巷子里，别人都受不了穷苦的忧愁，颜回却不改其中的快乐。

④**浩然**：浩然之气的简称。指通过积累善行而培养出的一种勇往直前的勇气或精神。孟子说，此气至大至刚，以直养而无害，则塞乎天地之间。

⑤**蛮貊**：貊音 mò，我国古代北方民族名。蛮，我国古代对南方各民族名。蛮貊指教化不到的边远荒僻之地。

⑥**光明藏**：佛经以如来为光明藏。又以自己的本心，破除无明，发挥真如之光，亦称光明藏。

译文

文中子把佛作为西方圣人。如果真像文中子说的那样，那么佛的心可以知道了。现在说禅的，喜欢说隐语来迷惑人，说大话来较胜负，使学者不知怎样去学，越发入于迷妄中。所以我发挥文中子的话而作解释，作解禅偈六首。如果说得对，那么即使在中国也能行之久远，何必要在西方；如果说得不对，那就不是我所能知道的了。

愤怒好似烈火，利欲好似刀剑。

整日愁眉苦脸，此谓阿鼻地狱。

颜回安于贫贱，孟子养浩然之气。

富贵轻如浮云，是谓极乐国土。

孝悌能通神明，忠信能行化外。

积善可招百祥，这就叫作因果。

言论可师百代，行为天下效法。

时久难以掩没，这叫不坏之身。

仁是人的安宅，义是人的正路。

仁义诚笃且久，这叫光明宝藏。

道德只修己身，功德润泽万物。

乐做大圣大贤，是名为佛菩萨。

28 仰山饭

原典

仰山[①]饭

户部尚书阮中大撰

仰山饭，仰山饭，粒粒如珠似银烂。食者须知来处难，略为诸人试拈看：东皋西畴[②]春早时，耕夫饷妇寒且饥。土膏脉起农事动，牛领生疮犹挽犁。夏苗欲秀未成实，无雨四天惟烈日。背枯面裂汗流胸，耘耨只愁稂莠出。秋深稻熟如黄云，昼获夜舂甘苦辛。里胥[③]催督王租急，官债私逋[④]皆及身。官债未偿被鞭扑，私债未偿卖田屋。父母妻儿饱几曾？家家留米羞斋粥。

住持老僧沿门求，丐士缘化圭撮收，手胼足胝不敢惮，栉风沐雨何曾休？五更云堂门尚闭，普供厨[⑤]中人早起，惟忧清众粥饭迟，日日朝朝悉如是。米沈满地凝如脂，去粗存精运柴炊。沸汤烟焰甑釜热，执务舍力良劳疲。长板[6]声终木鱼吼，端坐禅床捧盂受。细论变生造熟功，却恐阇黎难下口。不从香积世界[7]来，又非鬼神供尔斋，一匙一杓至一钵，皆是求福檀信财。

维那[8]白槌[9]似珰响，十声佛名懒同唱。行益才迟忿怒生，第二戒中念都忘。古人都为学道忙，遍参知识游诸方。木皮草叶供铛煮，岂有此饭充饥肠！百岁光阴如梦幻，参请工夫宜早办。若还心地不分明，佛也难消仰山饭。

注释

①**仰山：**位于江西宜春县南，山势绝高，须仰视才见，故称仰山。唐时，沩山灵祐的弟子慧寂于此地开创禅院，发扬灵祐宗风，即禅宗的沩仰宗。仰山亦因此而闻名。

②**东皋西畴：**指田野。

③**里胥：**又叫里正、里长，古时候的乡官。里的大小，各代不同。唐代以百户为里，明代洪武年间以一百一十户为里，里设里长一人。

④**私逋：**逋，拖欠。私逋指拖欠未还的私人钱物。

⑤**普供厨：** 禅寺中的厨房。

⑥**长板：** 禅寺中吃饭的信号。库堂行者在斋粥下钵时，在厨前的云板上敲击三会（一会三十六下），称为长板。

⑦**香积世界：** 佛教认为，东南西北四方有四世界，东方为香积世界，南方欢喜世界，西方安乐世界，北方莲华庄严世界。四世界有四佛。

⑧**维那：** 寺中统理僧众杂事的僧职。旧称悦众、寺护。

⑨**白槌：** 白指告白，槌，又作椎，是一般寺院告诉大家静肃时敲打的器具。白槌即敲打槌向大众告事。

译文

仰山饭，仰山饭，粒粒如珍珠般晶莹，银子般白。吃饭的人须知道它来之不易，我略为大家举几点：早春时节，耕田的男子在田间劳作，妻子给他送饭，他们忍饥受寒。到了节令，农事百般需要人做，牛脖领生了疮依然要拉犁。夏天，禾苗要扬花尚未结实了，天旱无雨，烈日暴晒，农夫背晒得枯黑，脸上裂了口子，胸前流汗，除草只愁除不尽。到了秋天，稻子熟了，如黄色云彩一般。农夫白天收割，晚上舂米，十分辛苦。里正来催交皇租，官家的债、私人的债都来逼还。官家的债还不了就要挨鞭打，私人的债还不了就要卖田卖屋。父母妻儿能吃几顿饱饭？家家留着米，自己只能吃粥。

住持老僧沿门求乞，靠化缘一点一点地收集，手脚起茧，不能畏惧，顶风冒雨，何曾停息？五更时分，僧堂尚未开门，厨房的人已经起床了，只怕大家的斋饭供晚了，每天都是这样。沥过的米汤满地，凝结如脂，每天挑去不好的木柴，留下好的柴，这些柴是每天有人搬运来烧火做饭。烟熏火燎，也是很费力辛苦的。等到长板敲击声停了，僧众听见斋堂的木鱼响，端坐在禅床上捧起钵盂吃饭。做饭的将生的煮熟，又恐不合僧众口味。这饭食不是从香积世界来的，也不是鬼神供给的，一匙一勺一钵，都是求福的施主的钱财。

可有的僧人，维那木槌就像敲击瓦珰那么响，他却连十声佛号都懒得唱。服侍才迟慢一点，便生愤怒，忍辱戒忘得干干净净。有人为学佛法忙忙碌碌，四处游方，参请硕德高僧。锅中煮的是木皮草叶，哪有这样好的饭食可吃！百年光阴如梦幻一般，参禅请益的功夫要早下。如若心里不清楚这一点，纵使是佛也难以消受仰山饭。

29 白侍郎六赞偈（并序）

原典

白侍郎[1]六赞偈（并序）

乐天常有愿：愿以今生世俗文笔之因，翻为来世赞佛乘、转法轮之缘也。今年登七十，老矣病矣，与来世相去甚迩。故作六偈，跪唱于佛法僧前，欲以起因发缘，为来世张本也。

赞佛

十方世界，天上天下，我今尽知，无如佛者。
堂堂巍巍，为天人师。故我礼足[2]，赞叹归依。

赞法

过见当来[3]，千万亿佛，皆因法成，法从经出。

是大法轮，是大宝藏。故我合掌，至心回向[4]。

赞僧

缘觉[5]声闻[6]，诸大沙门[7]，漏尽果满，众中之尊。

假和合力[8]，求无上道。故我稽首，和南[9]僧宝。

赞众生

毛道[10]凡夫，火宅[11]众生，胎卵湿化，一切有情，

善根苟种，佛果终成。我不轻汝，汝无自轻。

忏悔

无始劫来，所造诸罪，若轻若重，无大无小，

我求其相，中间内外，了不可得。是名忏悔。

发愿

烦恼愿去，涅槃愿住，十地[12]愿登，四生愿度。

佛出世时，愿我得亲，最先劝请，请转法轮。

佛灭度[13]时，愿我得值，最后供养，受菩提记[14]。

注释

①**白侍郎：**即白居易，字乐天，唐代大诗人。陕西下邽（今渭南县东北）人。贞元十四年举进士，宪宗时任翰林学士、赞善大夫等职，后得罪权贵，被贬为江州司马。穆宗时任杭州、苏州刺史。武宗时以刑部尚书致仕。中年以后亲近高僧，提倡“外以儒行修其身，内以

释教治其心，旁以山水风月歌诗琴酒乐其志”。晚年曾与洛阳佛光寺僧如满结香火社。有《白氏长庆集》。

②**礼足：**即以头顶触佛足，用以表示心身绝对皈依。又作顶礼、接足作礼等。

③**过见当来：**即过去、现在、将来。

④**回向：**又作转向、施向。意思是以自己所修的善根功德，回转给众生，并使自己趋入菩提涅槃。或以自己所修之善根，为亡者追悼，以期亡者安稳。这里回向指回转、归向。

⑤**缘觉：**音译为辟支佛，指独自悟道之修行者。即不禀佛教，无师独悟，性乐寂静而不事说法教化的圣者。

⑥**声闻：**指听闻佛陀声教而证悟之出家弟子。

⑦**沙门：**梵文音译，又作桑门，意译勤劳，为出家者的总称。

⑧**和合力：**指比丘、比丘尼入佛门，同持戒、同修行、和合一处形成的共修力量。

⑨**和南：**对长上问候之语，意译为敬礼、稽首。

⑩**毛道：**又作毛头，指凡夫。谓凡夫心行不定，犹如轻毛随风飘荡。

⑪**火宅：**比喻迷界众生所居住的三界。火喻五浊等，宅喻三界。按佛教的说法，众生心迷，住三界中，犹不知觉，譬如幼儿住室中，宅中火起，幼儿犹不知觉，嬉

戏如常。

⑫**十地：**诸经所说不同，此取欢喜等地。登此地即生无漏智，见佛性，乃至成为圣者。

⑬**灭度：**又称涅槃、圆寂，即肉体终结，度脱生死之意。

⑭**受菩提记：**佛陀对修行中的弟子，一一预告其将来证果之内容称授记。受菩提记即受将来证得菩提之记。

译文

乐天常有愿：愿以今生世俗文字之因，翻作来世赞佛教、转法轮之缘。我现在年届七十，老病相至，与来世相距甚近。所以作六偈，跪唱于佛法僧前。想要以此为因，生发善缘，为来世预做好事。

赞佛

十方世界，天上天下，我知道没有能比得上佛的。高大堂皇，是天人师。所以我以头顶礼佛足，以表敬慕皈依之心。

赞法

过去、现在、将来的千万亿佛，都是因法成就的，而法从经出。经是大法轮，是大宝藏。所以我合掌胸前，衷心地回向。

赞僧

缘觉声闻及诸位出家人，你们烦恼灭尽，功德圆满，是人中之尊。借共同修行的法力，求无上菩提之道。所以我向僧宝稽首敬礼。

赞众生

火宅中的毛头众生，胎生、卵生、湿生、化生一切有情，如果种善根，终能成佛果。我不轻视你们，你们也不要自轻自弃。

忏悔

无始以来所造的一切罪业，不管它轻重大小，我找它的形状，中间内外都找不到，这就是忏悔。

发愿

愿去烦恼，愿住涅槃，愿登十地，愿度四生。佛出世时，愿我能亲近他，愿使我最先劝请，请求佛转大法轮。佛灭度时，愿我能跟随他，做最后的供养，并亲受佛的授记。

30 徐学老劝童行勤学文

原典

徐学老劝童行[1]勤学文

玉不琢不成器，人不学不知道。出家儿幸得身离尘网，居于广堂大厦，切不可以温饱自满其志。少壮之时不勤学问，不究义理，不正呼吸，对圣前如何可以宣白？士大夫前如何可以谈吐？不学一笔字，文疏如何写？士大夫往来书尺如何回？出家人，胸中贯古今，笔下起云烟，方可了身了性，以至于了命。若自懒惰，托言所禀无受道之资，是自坏了一生也。且如猿猴，兽类也，尚可教以艺解；鸲鹆[2]，禽鸟也，尚可教以歌唱；人为万物之灵，如不学，视禽兽之不若也！

为人师者，自当尚严，师严而后道尊。与其初年失于宽，而招异时之怨，不若过于严，招异时之感。人家子弟，舍父事师，师却不严，而纵其懒。及其时过失学也，谈吐又讷，宣白又钝，发遣又疏，写染又拙。觉时事事无能，方始自悔，而归咎于其师。

何谓至感？初年脱白[3]从师，师长训导极其严紧。于公事毕，然后敢治私事。禁妄出。读书要背，写字要楷，义理要通，道念要正。日渐月磨，复还固有之天，得造洞然之妙。由是性海清澄，心珠莹彻。学仙者着脚蓬莱，学佛者安身乐国。到恁么时，却感师长严训之功也。

注释

①**童行：** 行，即行者，在寺院中服杂役者。禅宗寺院对尚未剃度的少年行者，称为童行。其所居之室，称童行堂。教训童行，称训童行。

②**鸲鹆：** 鸟名，俗称八哥。

③**脱白：** 脱下世俗所穿的白色衣服，穿上僧人的缁衣。指出家为僧。

译文

玉不雕琢成不了器物，人不学不知大道。出家人幸运地身离尘世之网，居于高堂广厦中，万万不可以生活舒适而满足自己的志意。少壮之时不勤学问，不究义理，不正呼吸，在圣人面前怎样告白？士大夫面前怎样谈吐呢？不学一笔好字，文疏怎样写？士大夫往来书信如何回复？出家人要胸中贯古今，笔下起云烟，方可以了解身、了解自性、了解命。若果自己懒惰，托言我生来的禀受中没有学佛法的资质，这是自暴自弃，自己害了自己一生。且如猿猴，是兽类，尚且可以教它杂艺；鸲鹆，是禽鸟，尚且可以教它唱歌；人为万物之灵，如果不学，那就连禽兽也不如！

为人师表，应该严格，师严而后道尊。与其少年时失之于宽纵，而招致后来的怨恨，不如少年时严格，招致后来的感恩。青年人舍弃父母，来投师学习，师父却不严格，而放纵他们的懒惰。等到时间白白浪费过去，没有学到东西，谈吐嘴拙，告白言辞迟钝，办事又少，写文章书信笔拙。等到看到自己事事无能，才后悔了，归咎于自己的师父。

什么叫作最高的感激呢？一开始跟从师父学习时，师父诲训极其严格。公事做完了，才敢做私事。禁止随便外出。读书要能背诵，写字要楷体，义理要通，念头要正。日渐月磨，恢复本来就有的天性，悟到洞然了彻的妙处。于是性海清澄，心珠莹彻。学道教者能到蓬莱仙岛，学佛法的能到极乐国安身。到那时候，才感谢师长严厉诲训的功劳哩。

31 月窟清禅师训童行

原典

咨尔童行，听子诫云：高以下基，洪由纤起。古今贤圣，莫不由斯。儒宗颇多，释氏尤甚。兹不繁引，略举二三。

虞夏[①]至尊，尚曾历试；可、能二祖，犹服勤劳[②]。一念因真，千生果实。若其滥服，终无所成。任是毁形[③]，徒增黑业[④]。尔等童耋[⑤]，今各颛[⑥]诚。履实践真，无随流俗。处清净地，生难遭心。见佛逢僧，克勤敬慕。如能反责，可谓丈夫。施主交肩，宜先只揖；同衣[⑦]相见，莫后和南。夕火晨香，常常勿懈。斋餐蚤粥，念念兴惭。当直殿堂[⑧]，供过[⑨]寮舍，宜勤拂拭，无怠应承。进止威仪，上流是则。言默要道，下辈休询。贝叶固合精通，坟典[10]尤宜博学。稍知今古，方解为人。若似哑羊[11]，出家何益！

如来未成佛果，文武兼能；永嘉[12]才作人师，宗说[13]俱备。晞颜晞骥，子云有言[14]；诵帚诵笤，释尊无误。各须努力，莫谩因循。立志坚高，不堕凡地。故经云："立志如高山，种德若深海。"如斯苦口，期汝为人，报答佛祖莫大恩，拔济众生无量苦。日日如是，不愧自心。颂曰：

负舂划草示嘉模，
绍续须还猛烈徒。
一念豁然三际[15]断，
单传直下老臊胡[16]。

注释

①**虞夏：**指中国上古传说中的圣王虞舜和夏禹，他们都曾做过许多实际事务。

②**可、能二祖，犹服勤劳：**可、能二祖，指中国禅宗第二祖慧可和第六祖惠能。慧可往少林寺见达磨，立风雪中，次日积雪过膝。惠能曾到黄梅参礼五祖弘忍，弘忍让他在碓房舂米。惠能腰间绑一大石踏碓。此即下文"负舂"。

③**毁形：**慧可参谒达磨，不许入室。慧可乃抽刀自

断其臂，以表志诚，才得谒见达磨。大悟后，畅阐宗风。一说其臂乃为盗贼所伤。

④**黑业：**恶业又叫黑业，善业又叫白业。

⑤**童耋：**耋，本指七十岁的老人。这里童耋即童行。

⑥“颛”，同“专”。

⑦**同衣：**穿同样衣服的，这里指僧人。

⑧**当直殿堂：**即在殿里看管香、灯等。

⑨**供过：**在斋堂分配饭食。

⑩**坟典：**三坟五典的简称。三坟五典传说是我国最古的书籍。此指佛典以外的书籍。

⑪**哑羊：**指愚痴之僧。据《大智度论》，哑羊僧无勇猛精进之力，不知有罪无罪，僧人间的争论不能决断，默然无言。譬如白羊，乃至被杀，不能作声，故称哑羊。

⑫**永嘉：**名玄觉，唐代禅僧。温州永嘉(今属浙江)人，故称永嘉玄觉。八岁出家，精通三藏，尤善天台止观。于温州龙兴寺自构禅院，独居研学，常修禅观。后至曹溪谒惠能，留一宿，与惠能问答而大悟，时人称“一宿觉”。主要著作有《永嘉集》十卷,《永嘉证道歌》等。

⑬**宗说：**在禅宗，通达宗旨称宗通；能对大众说法无畏称说。为人师者须宗说兼通。

⑭**晞颜晞骥，子云有言：**晞，仰慕；晞颜，仰慕孔子高弟颜回。晞骥，仰慕千里马。子云，西汉文学家扬

雄字子云。“晞颜晞骥”，语出扬雄《法言·学行》。

⑮**三际：**过去、未来、现在。

⑯**老臊胡：**禅僧呵佛骂祖之言，称达磨为老臊胡。

译文

童行们，听我的训诫：高以低为基础，大由小发生。古今圣贤，莫不是从这一道理验证过来。儒家学者例子颇多，释家尤其如此。这里不多摘引，略举二三。

虞舜夏禹是至高无上的，他们都有过做实际事务的经历；慧可、惠能二位祖师，尚且服过劳役。一念真诚之因，造千生实在之果。如果他们不勤苦服役，终究无所成就。即使他们自毁形体，也只是增加恶业。你们这些童行，今各各专心诚意，脚踏实地，求真佛法，不要随流俗。处在佛寺清净之地，生佛门难遇之心。见到佛、僧，要彬彬有礼，殷勤敬慕。如果能够警诫自己，可谓丈夫。碰到施主，应该先作揖问讯；僧伦相见，应先稽首致敬。早晚上香，不要懈怠。一日三餐，要常想受之有愧。在殿堂当值，在寮舍供饭，应当勤勤擦拭器具，不能懈怠应承。进退行止的礼节仪式，应以好的僧人为效法榜样。言语上要缄默，进求大道，不要询问自己的晚辈。经文须要精通，各类经典尤其要广博地学习。稍稍知道古今之事，才能知道如何为人。假如像个哑羊一样，出家有什么用处？

如来未成道果之前，文武兼能；永嘉玄觉才做人的师父，就能宗说皆备。仰慕颜回与仰慕千里马，扬雄曾经说过；诵说笤帚，释迦牟尼没有差错。各各努力吧，不要自欺，因循不前。要树立高尚的志向，不要堕入凡尘中。所以佛经说：“立志要像山一般高，种福德要像海一样深。”我这样苦口婆心，是希望你们有出息，报答佛祖莫大的恩情，超拔众生出无量之苦。天天如此，不愧对自己的心。颂曰：

前辈舂米铲草做出榜样，
继承还须勇猛精进佛徒。
一念豁然开朗斩断三际，
单传直接承续达磨祖师。

32 月林观和尚体道铭

原典

月林观和尚[1]体道铭

上士[2]参玄人，光阴莫虚弃。渡江须用船，为人须有志。名相[3]各不同，非一亦非二。佛法苦无多，于中无别伎。动着关捩子，非师自然智。彻底老婆心[4]，触人无忌讳。刹境[5]一毫端，到此无回避。

唱起德山[6]歌，道者合如是。佛祖出头来，吞声须饮气。作略这些儿，古今无变异。混沌未分时，早有个田契[7]。人人本具足，不肯回头视。个个达本乡[8]，切忌着名位[9]。过去诸如来，不离而今咦；现在诸菩萨，转[10]次而受记。智者暗点头，心空亲及第；愚人不信受，抛家自逃逝。哀哉！猛省来，现成真活计。个里[11]用无穷，宗门第一义。左右逢其原，亦不离行市[12]。铜头铁额儿，脑门须着地。愿以此功德，普及于一切。

注释

①**月林观和尚：**名师观，宋代临济宗杨岐派僧。曾住苏州万寿寺。

②**上士：**又作大士，菩萨之异称。菩萨远离迷执邪见，正见法理，是自利利他的实行者，故称上士。这里是对信佛者的敬称。

③**名相：**即名词，佛教认为名词有使人心中浮现此名所代表的事物的相状的功用，故称名相。

④**老婆心：**在禅林中，指教导人的亲切态度，殷殷叮嘱，不厌其详，其中寓有慈悲之意。以黄檗希运和大愚守芝最著名，有“黄檗老婆，大愚饶舌”之说。“老婆心切”屡见于禅宗语录中。另老婆心也指唠叨、不爽利。

⑤**刹境：**刹的意思是土、国土，又叫刹土。境即外境。

⑥**德山：**指德山宣鉴。唐代禅僧，剑南（今属四川）人。年少出家，贯通大小乘诸经。尝闻南方盛行直指人心的禅法，与所学不同，于是携《金刚经疏钞》出蜀。首至澧阳参谒龙潭信，问答之间，豁然顿悟，于是焚《金

刚经疏钞》，成为青原第五世。教法不同于诸家，常以棒打为教，而有“德山棒”之称，与“临济喝”齐名。

⑦**田契**：此指人人皆具佛性。土田之契约为田契，心田之根据是佛性，故以为喻。

⑧**本乡**：即禅林中常说的本来面目、本地风光。

⑨**名位**：名相与位相。与本来面目之空无一物相对。破除对名位的执着，才能回归本来面目。

⑩**转**：依因缘而生起。这里指转依，即舍劣法之所依，证得净胜法之所依。

⑪**个里**：这里。

⑫**行市**：市面上商品的一般价格。这里指现在当下之实际。

译文

参究佛法的菩萨，光阴不要白白浪费。渡江必须用船，做人必须有志。说法虽然不相同，但它们是非一非二的。佛法并不多，其中并无别的伎俩。只要行动切入关键处，没有师父引导也自然有智慧。彻头彻尾只是个老婆心，只要能触动别人开悟的机缘，说法上没有什么忌讳。佛土全境在一毫端显现，到此佛性全然裸露，再没有回避处。

扬起德山宣鉴的门风，修禅者就应该如此。要像佛祖能出头，必须能忍气吞声。想要得到这些，从古至今没有改变。混沌未分时，早就有个佛性。人人本来具足，只是不肯反观自己本性。每个人都可以达到自己的本来面目，但切不要着了名相和位相。过去的诸如来，不离现在；现在的诸菩萨，在转生时都受了记。有智慧的人暗暗点头，心里空静，达到受记所说的果位；愚蠢的人不肯相信、不肯接受，抛开自己的本性而逃跑。哀哉！猛然省悟，这才是自己现成的真功夫。其中有用不完的宝藏，是宗门第一义。有了这第一义即能左右逢源，但也不能离开现在去修行。纵有铜头铁额，脑门必须触地。愿以这件功德，使一切人得到利泽。

33　慈受深禅师小参

原典

慈受深禅师[1]小参

此心清净，犹如虚空，无一点相貌。举心动念，全乖法体[2]。才退步，便相应，只是不肯退步；才放下，便安乐，只是不肯放下。大都是无始劫来惯习成了也。

古人学道，当先打贪嗔痴，然后放教一切处冷啾啾地，如腊月里扇子相似。直是无人觑着，亡得名利，甘得淡薄。世间心轻微，道念自然浓厚。匾担山和尚一生拾橡子煮吃，永嘉大师不吃镬头下菜，高僧惠休[3]三十年着一緉[4]鞋，百补千缀，遇软地行则赤脚，恐损他。信施信心物难消，他总是妻子口中减削，将来供养尔了，便要邀福忏罪。尔十二时中种种受用，尽出他人之力。未饥而食，未寒而衣，未垢而浴，未困而眠。道眼未明，心漏未尽，如何消得？故古德云："为成道业施将来，道业未成争消得？"山僧这里不可与尔诸人打粥饭过日也。若是坐消信施，诸天⑤不喜。粗茶淡饭也难消他底。

如今初学比丘，饱食高眠，取性过日，犹嫌不称意在。出家人如一块磨刀石，一切人要刀快，便来尔石上磨。张三也来磨，李四也来磨，磨来磨去，别人刀快，自家石渐消薄。有底更嫌他人不来我石上磨，有甚便宜处！进食如进毒，受施如受箭。币厚言甘，道人所畏。尔灼然与道相应，万两黄金亦消得。此事不是说了便休，须是实到这个田地始得。高谈大论，瞒人自瞒，大不济事。如今丛林中无人说着这般话也。莫道焦山长老⑥说禅全无孔窍。记取！记取！伏惟珍重。

注释

①**慈受深禅师：**名怀深，宋代云门宗僧，安徽六安人。字慈受，世称慈受禅师。十四岁出家，初谒长芦崇信于嘉兴资圣寺，并嗣其法。后住真州（今江苏仪征）长芦寺，迁江苏焦山、洛阳慧林寺等。所行之处，学徒云集。有《慈受深和尚广录》四卷行世。

②**法体：**或译作自性、自体。法体即存在的本体，

这里指心之本体。

③**惠休**：应为慧休。唐初僧，瀛州（今河北河间）人。十六岁遇一沙门讲佛法，即萌出家之志。后依勖律师出家，就学邺都，颇有体悟，复往渤海从明彦听《成实论》，又学《摄大乘论》《四分律》等。贞观时，住相州慈润寺，年已九十八。后不知所终。

④**一緉鞋**：古代计算鞋子的量词，一緉鞋即一双鞋。

⑤**诸天**：指欲界、色界、无色界等处诸天神，总称为诸天。

⑥**焦山长老**：慈受自称。此小参大概作于他住持焦山时，故自称焦山长老。

译文

此心清净就像虚空一样，没有一点形相可得。心中一有念头动起，便不是本来的法体了。才退回到本来面目，便与本体相合，人只是不肯退回去；才放下念头，便安乐，人只是不肯放下。大都是无始劫来习惯成了这样。

古人学佛法，先治贪嗔痴三毒，然后让一切从热乱中冷下来，好似腊月里扇扇子一样。但这一点却没有人看得出来，丢掉名利，甘于淡泊。俗世的心轻一分，求道的念自然浓厚一分。匾担山和尚一生拾橡子煮着吃，永嘉大师不吃镬头下种出来的菜，高僧慧休三十年穿一双鞋，百补千缀，遇到软地，就赤脚走，唯恐穿坏了。施主所施之物不好消受，他们都是从妻子儿女的口食中削减下来，拿来供养你，你应该为他邀福忏罪。你十二时辰中的种种享受物，都是出自他人之力。还没饿，就有饭吃；还没冷，就有衣穿；还没有污垢，就可以洗澡；没有困就可以睡觉。道眼不明，烦恼没有灭除尽，怎能消受得这些？所以古之大德说："为了成就你的道业才施舍给你，道业没有成就怎能消受得？"在我这里，你们这些人不能只是吃粥饭过日子。若是什么都不做，白白地消受施主布施的东西，诸天也会不高兴的。粗茶淡饭也难以消受的。

现今初学比丘，饱食高眠，随意适性过日子还嫌不称心。出家人好像一块磨刀石，一切人想要刀快，就来你这石上磨。张三也来磨，李四也来磨，磨来磨去，别人的刀快，自家这块石头渐渐消薄。有的人嫌别人不来我这石上磨，这里有什么便宜呢！吃饭食就如同吃毒药，受布施就如同受箭。送的东西多，施主话甜，这是僧人所应畏惧的。你如果卓然与佛法相合，万两黄金你也消受得。这不是说了便算完，必须实际上到这个境界才好。高谈阔论，自欺欺人，一点也没有用。现如今禅林中没有人说这类话。不要说我焦山长老说禅全无孔窍。记取！记取！希望大家珍重。

34 汾州大达无业国师上堂

原典

汾州大达无业[1]国师上堂

有僧问曰："十二分教[2]流于此土，得道果者非止一二。云何祖师东化，别唱玄宗：'直指人心，见性成佛？'岂得世尊说法有所未尽？只如上代诸德高僧，并学贯九流，洞明三藏。生、肇、融、叡，尽是神异间生，岂得不知佛法远近？某甲[3]庸昧，愿师指示。"

师曰："诸佛不曾出世，亦无一法与人，但随病施方，遂有十二分教。如将蜜果换苦葫芦，淘汝诸人业根，都无实事。神通变化，及百千三昧门[4]，化破天魔外道[5]；福智二严[6]，为破执有滞空之见。若不曾道及祖师来意，论甚么生、肇、融、叡？

“如今天下解禅解道，如河沙数；说佛说心，有百千万亿。纤尘不去，未免轮回；思念不亡，尽从沉坠。如斯之类，尚不能自识业果，妄言自利利他？自谓上流，并他先德。但言‘触目无非佛事，举足皆是道场[7]’。原其所习，不如一个五戒十善[8]凡夫。观其发言，嫌他二乘十地[9]菩萨。且醍醐上味，为世珍奇，遇斯等人，翻成毒药。南山尚自不许呼为大乘，学语之流，争锋唇舌之间，鼓论不形之事，并他先德，诚实苦哉！只如野逸高士，尚解枕石漱流，弃其利禄；亦有安国理民之谋，征而不赴。况我禅宗，途路且别。

“看他古德道人，得意之后，茆茨[10]石室，向折脚铛子里煮饭吃。过三十、二十年，名利不干怀，财宝不为念，大忘人世，隐迹岩丛；君王命而不来，诸侯请而不赴；岂同我辈贪名爱利，汩没世途，如短贩人，有少希求而忘大果？十地诸贤岂不通佛理？可不如一个博地[11]凡夫？实无此理。他说法如云如雨，犹被佛诃云：‘见性如隔罗縠’[12]，只为情存圣量，见在果因，未能逾越，圣情过诸影迹。先贤古德，硕学高人，博达古今，洞明教网，盖为识学诠文，水乳难辨，不明自理[13]，念静求真。

“嗟乎！得人身者，如爪甲上土；失人身者，如大地土。良可伤哉！设有悟理之者，有一知一解，不知是悟中之则，入理之门，便谓永出世利，巡山傍涧，轻忽上流，致使心漏不尽，理地不明，空到老死无成，虚延岁月。且聪明不能敌业，干慧[14]未免苦轮。假使才并马鸣[15]，解齐龙树[16]，只是一生两生不失人身。根思宿净，闻之即解，如彼生公，何足为美，与道全远。共兄弟论实不论虚，只这口食身衣，尽是欺贤罔圣。求得将来他心慧眼观之，如吃脓血一般，总须偿他始得。

“阿那个有道果，自然招得他信施来。学般若菩萨，不得自谩。如冰棱上行，似剑刃上走。临终之时，一毫凡圣情量不尽，纤尘思念未忘，随念受生轻重五阴，向驴胎马腹里托质，泥犁[17]镬汤里煮煠[18]一遍了，从前记持忆想，见解智慧，都卢[19]一时失却。依前再为蝼蚁，从头又作蚊虻。虽是善因，而遭恶果，且图甚么！兄弟只为贪欲成性，二十五有[20]向脚跟下系着，无成办之期。

“祖师观此土众生有大乘根性，惟传心印，指示迷情。得之者即不拣凡之与圣，愚之与智。且多虚不如少实，大丈夫儿，如今直下便休歇去，顿息万缘，越生死流；迥出常格，灵光独照，物累不拘；巍巍堂堂，三界独步。何必身长丈六，紫磨金[21]辉，项佩圆光，广长舌相[22]。若以色见我，是行邪道。设有眷属庄严[23]，不求自得。山河大地，不碍眼光。得大总持[24]，一闻千悟，都不希求一餐之直[25]。

“汝等诸人，倘不如是，祖师来此土，非常有损有益。有益者，百千人中捞漉一个半个，堪为法器；有损者，如前已明。从他依三乘教法[26]修行，不妨却得四果三贤，有进修之分。所以先德云：‘了即业障本来空，未了还须偿宿债。’”

注释

①**大达无业：**唐代僧，名无业，商州上洛（今陕西商县）人。童子时随父卖货于寺院，见者皆惊其聪慧。年九岁，依止开元寺志本，授予《金刚经》《法华经》等，五行俱下，一诵即记。年十二，得剃度，年二十，受具足戒。后闻洪州大寂禅师之名，前往瞻礼，得悟。又至曹溪礼六祖塔，游庐山、天台等。不乐充僧职，往清凉山读大藏经。后止于西河开元精舍，宪宗下诏请入京，坚辞不行。敕谥大达国师，因称大达无业。

②**十二分教：**亦称十二部经。佛陀所说之法，依其叙述形式与内容分成十二类，故称。此处指佛教理论。

③**某甲：**同“某家”，说话者自称。

④**三昧门：**指进入佛所具无量三昧之门户。佛说三昧门，入一门即统摄无量三昧，如牵衣一角，举衣皆得。

⑤**天魔外道：**指为害佛法的天魔和外道。天魔，指欲界第六天之魔王，常扰乱佛的修行。

⑥**福智二严：**体达智慧之业，称为智业；其他一切功德业称为福业。福智二业相辅相成，可得佛果。二严，指福德二种庄严。

⑦**道场：**修行佛法的场所，不管有无堂宇，均称道场。

⑧**五戒十善：**在家居士所受的戒，五戒是戒杀生、偷盗、邪淫、妄语、饮酒。十善是戒除以上五种及邪见、恶口、绮语、贪欲、嗔恚等五戒，共为十种善，是居士最普遍的戒律。

⑨**二乘十地：**二乘指声闻乘和缘觉乘，即小乘。十地指十种住处、十种地位，诸经所举不同。

⑩**茆茨：**茆通"茅"，即茅草。茆茨，芦苇、茅草盖的屋顶。

⑪**博地：**本作薄地。薄有二义，一指卑贱下劣之位，二是指凡夫之位广多，又称博地。

⑫**见性如隔罗縠：**縠音胡 hú。丝织之布与绉纱，为天人做衣之材料。这里隔着罗縠见性，指尚隔一层。

⑬**自理：**经营自己。

⑭**干慧：**干对湿言，指单有观真理的智慧，而尚未为禅定水所滋润。即有慧而无定。

⑮**马鸣：**付法藏第十二祖，佛教诗人。中印度舍卫国人，与贵霜王朝迦腻色迦王关系深厚。出身婆罗门家

族，家学渊源。是卓越的论客，明达三藏，精通内外学，为古典期梵语文学的先驱，在梵文学史留下不朽盛名。后秦鸠摩罗什有《马鸣菩萨传》一卷，述其生平事迹。汉地流传极广的《大乘起信论》，原署马鸣菩萨造，但许多学者提出异议，至今未取得一致意见。

⑯**龙树：**印度大乘佛教中观学派的创始人。出生于二、三世纪之交，南印度婆罗门种姓出身，自幼颖悟，出家后广学三藏。曾使南天竺王由婆罗门教皈依佛教。此后大力弘法，有多种大乘经典注释之书，使大乘般若性空之说广为传布。门弟子最著名的是提婆。

⑰**泥犁：**梵文音译，意思是地狱。

⑱“煠”，同“炸”。

⑲**都卢：**全部的意思。

⑳**二十五有：**佛教的说法，生死轮回的迷界分为二十五种，由因必得果，因果不无，故称有。

㉑**紫磨金：**指带有紫色之黄金，为黄金中的最上品。磨，无垢浊之意。

㉒**广长舌相：**佛经上说佛的舌头广而长，柔软红薄，能覆面至发际，如赤铜色。此相有二种表征：其一，语必真实；其二，辩说无穷。

㉓**眷属庄严：**谓极乐净土十七种依报庄严之一。眷属庄严即指往生净土的人，都是殊胜庄严，发道意的善

人聚会一处。

㉔**大总持：**即能总摄无量佛法而不忘失之慧力。有法、义、咒、忍四种总持。

㉕**一餐之直：**指小乘、小得。

㉖**三乘教法：**根据人根机之利钝，佛说三种教法：声闻、缘觉、菩萨。声闻、缘觉唯自利，无利他，故称小乘。菩萨乘自利、利他具足，故为大乘。

译文

有僧问："佛教流传到中国，得道者不止一二人。为什么达磨祖师到东土来教化众生，另外倡导'直指人心，见性成佛'的玄妙宗旨？难道释迦牟尼说法还有不彻底的地方吗？如前代各位大德高僧，都是学贯百家九流，深明经律论三藏的。道生、僧肇、道融、僧叡都是神异之才，前后各呈风采，他们难道不知佛法的实相？我庸昧难通，愿国师指示。"

无业国师说："诸佛不曾出世，也没有给人一法。只不过随病开方，于是有十二部经。就像拿蜜果换苦葫芦，淘洗诸人的业根，都没有实在的事实。神通变化以及百千三昧门，化破天魔外道；福智二种庄严，都是为了破除执着万有、拘滞于顽空的边见。要是不曾说到祖师西来意，还能论什么道生、僧肇、道融、僧叡？

“现在天下懂得禅懂得道的，如恒河沙数，多得数不清；讲说佛讲说心的，百千万亿。尘网不破，免不了在六道中轮回；思念不灭息，尽皆沉沦。像这类人，连自己所造业果尚且不能自识，怎能侈言自利利他呢？自称是上流之人，比得上先前大德。只会说‘眼所见无非成佛之事，一举手一投足皆是道场’。原本他所学的东西，还不如一个五戒十善的凡夫。看他说话中，贬低小乘和十地菩萨。醍醐等上等食品，是世上的人所珍奇的，但遇上这类人，反而成了毒药。南山道宣大师尚且不许别人说他是大乘，学舌之流在辩论上争高低，摇唇鼓舌，谈论无形无象之事，想与前代大德高僧并立，真是苦啊！遁世的高人善士，尚且懂得隐居山林，抛弃利禄；还有些人有治国安邦的本领，朝廷征召，他也不赴。况且我们禅宗，路途与此不同。

“请看，这些得道高僧在得到佛法之后，住茅草屋、石洞，在洗脚盆里煮饭吃。过三十、二十年，名利不能扰他的心，财宝不能动他的念，忘了人世，隐居于岩穴丛林中；君王命令，他也不来，诸侯礼请，他也不去；怎么会和我们现在有些人一样贪爱名利，消磨在世俗中，像小商贩一样见小小可希求之利而忘掉大修行果位的人一样呢？十地诸贤难道不通佛理？难道不如他一个卑贱凡夫？实在是没有这个道理。这种人说法如云如雨，尚且会被佛呵斥为‘隔着轻纱见性，尚隔一层’，只是因为他心存有圣人这种名位，执着现今的果位，未能超然视十地如幻影。先贤古德，硕学高人，博通古今，洞明教理，是为了求得学识，诠解经文，与佛理水乳交融，不知道抬高自己，惟知追求虚静，求得真境界。

“哎呀！得到人身的，就如指甲上的土，少之又少；没有得到人身的，如大地上的土，遍地皆是。这真悲哀！假如有求悟求理之人，有一知一解，不知把它作为悟得中道的原则，进入佛法的门户，以为入了门就可以永远超脱世间荣利，因此所到丛林之处，轻视前辈高明，致使心中烦恼不尽，佛理不明，到老死也无成就，白白地浪费光阴。况且聪明不能抵敌所造之业，有智慧而无禅定的干慧人仍免不了生死轮回。即使才能比得上马鸣，解悟与龙树比肩，只能做到一生两生不失人身。根器思想夙来清净之人，一闻之下，即能得解，就像道生，亦何值得羡慕，他与佛法还远。与众兄弟在一起只说生活的杂碎事，却不论议空理，只关心这口中食、身上衣，所行所为尽是欺瞒圣贤。到将来另换一副慧眼观之，就如吃脓血一样，总得偿还他才行。

“你有道果，自然会招来施主。学般若菩萨，不要欺骗自己。如在冰棱上行，在剑刃上走。临终之时，如果有一毫凡夫、圣人情量还没有消失掉，如果还有细微的思量情念没有忘掉，随你的心念决定你将受生在轻五阴还是重五阴，向驴胎马腹中去托生，到镬汤地狱煮一遍，从前记忆、想象、见解、智慧等，一下子全都没有了。依照从前再做蝼蚁，再做蚊虻。虽是善因，却遭恶果，这图的是什么！兄弟们只因贪欲成性，二十五种迷界在脚跟下系着，没有脱离之期。

“达磨祖师看到此土众生有大乘根性，于是传心印，指示痴迷的有情众生。不管凡还是圣，愚还是智，都可得此心印，没有拣择。但是虚假的多实在的少，大丈夫男子汉如今当下便放下，顿时灭息万缘，超越生死轮回；远远超出常格，灵光独照，物累不能拘迫；堂堂正正，三界之中独步。何必要有佛书上说的佛的那种相貌，身长一丈六尺，身有紫磨金辉，脖项上有圆光，舌头大而广。如果从相貌来看我是否成佛，这是邪魔外道。如果是要得到眷属庄严的依报，那要有无求的心就会得到。山河大地，不碍眼光，皆是清净本原。得总摄慧力，听一可以悟千，不希求小小之得。

“你们如果不这样，达磨祖师远到东土，并不是迷者和觉者一样多。觉悟者，百千人中只能捞一个半个，堪成佛法大器；执迷者，就像前面所说的如大地土那样。跟从祖师依三乘教法修行，不妨得个四果三贤，有继续精进修业的资格。所以古之大德说：‘觉悟了那业障本来就是空，不觉悟还须偿还夙世业债。’”

35　雪窦明觉禅师壁间遗文石刻

原典

雪窦明觉[1]禅师壁间遗文石刻

夫传持祖灯[2]，嗣续佛寿，此非小任。宜景前修，肃尔威仪，尊其瞻视。惩忿窒欲，治气养心。无以名利动于情，无以得失介于意。无随世之上下，无逐人之是非。黑白置之于胸，喜怒不形于色。乐人之乐，犹己之乐；忧人之忧，若己之忧。容众尊贤，克己复礼。无因小隙失素所善，无背公义弃素所疏。能不可矜，势不可恃。无护己短，无掩人长。见德不可忘身，在贵不可忘贱。且夫学本修性，岂愠人之不知？道贵全生，无蕲世之为用。

人或慕义，理固推余，必也笃尔心，诚诲以规矩。

博援群籍，深示妙宗。慈室忍衣[3]，不可须臾而离。大方宝所[4]，欲其造次[5]必是。动息有常，嫌疑必慎。人不可侮，天不可欺。众之去来，无追无拒；人之毁誉，无恚无贪。内无所惭，外无所恤。或若声华溢美，利养丰多，畏四趣[6]之果因，慎三宝之交互。

死生未脱，业苦难逃。方其得志，亟思利正。身如行厕，利称软贼[7]。百年非久，三界无安。可惜寸阴，当求解脱。古先诸祖，举有懿范：杖锡一味吃土，丹霞[8]只个布裘，赵州[9]青灰满首，朗师[10]编草为毡。或深禅久修，或优诏不就。大都约则鲜失，奢则招讥；谦则有光，退则无忌。去佛愈远，行道有艰。观时进止，无自辱也。

注释

①**雪窦明觉**：宋代云门宗僧，名重显，益州遂宁（今四川蓬溪西）人。家世豪富，以儒业传世。幼受家学，而志存出世。青年时投益州普安院仁诜出家。初习经律，受戒之后专攻禅定。得法于智门光祚禅师，依止五年，尽得其道。后住四明雪窦山资圣寺，大扬宗风，有云门中兴之祖之称。因久住雪窦山，故称雪窦重显。谥号明觉大师。有《明觉禅师语录》六卷和《碧岩集百则颂》传世。

②**祖灯**：列祖之法灯，谓历代祖师，师资相承，如灯火相续不断。

③**慈室忍衣**：全称慈悲室忍辱衣。意思是慈悲能拔苦予乐，如屋室覆护众生；忍辱之行如衣服，能遮蔽众生恶障烦恼。故称慈悲和忍辱为慈室忍衣。

④**大方宝所**：无外曰大，正理曰方；宝所指珍宝所在之地。比喻究竟涅槃。

⑤**造次**：仓促匆忙之际。造次必是出于《论语·里仁》："君子无终食之间违仁，造次必于是，颠沛必于是。"

⑥**四趣**：指阿修罗、饿鬼、畜生、地狱等处所。

⑦**软贼**：指名闻利养。因名闻利养能潜蚀行者的功德，坏其道心，故比喻为贼。

⑧**丹霞**：名天然，唐代僧，石头希迁弟子。因结庵于南阳丹霞山，世称丹霞天然。其取木佛烧火取暖之事，为禅宗著名公案。

⑨**赵州**：名从谂，唐代禅僧，青州临淄（今属山东）人。自幼出家，受具足戒前，即往参谒南泉普愿，深得器重，依止二十年。其后历参黄檗、盐官、夹山诸大德。后住越州（今河北赵县）东观音院，大振南宗禅。其"狗子佛性""至道无难"等问答语，流传甚广。敕赐"真际大师"。

⑩**朗师**：指玄朗，唐代僧，天台宗第八祖，婺州乌

伤（今浙江义乌）人。号左溪。九岁出家，二十岁住东阳清泰寺，学律仪经论。常恨古人章疏判断有不允当处，于是博览群籍，精研《涅槃》，曾与印宗禅师研学禅要。又依慧威学《法华经》，并修习止观。又涉猎儒书，兼好老庄。因好山林，隐居婺州浦阳左溪岩，麻衣蔬食，编草为毡。门下有中兴天台宗的湛然等名僧。撰有《法华科文》二卷。

译文

传承佛祖法统，接续佛祖的法身慧命，这不是小责任。应该景仰前辈高僧，整肃自己的威仪，使自己的外表受人尊重。惩治愤怒，塞窒欲望，调气养心。不要以名利动情，不要以得失介意。不要与世人随波逐流，不要争论别人的是非。褒贬藏于胸中，喜怒不现于外表。把别人的欢乐看作自己的欢乐，忧愁别人的苦楚就像忧愁自己的苦楚。宽容大众，尊敬贤哲，克制自己，以守礼则。不要因为小的嫌隙失去素来相好的朋友，不要违背公义抛弃素来疏远的人。自己的长处不能夸耀，势力不可倚仗。不要袒护自己的短处，抹杀别人的长处。见到有德之事不要忘了自己的本分，处在尊贵不能忘了贫贱之人。并且学问本来是为了自我修养性情，怎么能生气别人不知道呢？学道贵在健全自己的心性，不要强求为世间所用。

一般人仰慕大义，却以自己的见解推想，你必须心地诚恳，真诚地用规矩教诲他。广博地征引群书，深刻地阐示本宗的妙旨。慈悲如屋室，忍辱如衣服，不能须臾离。究竟涅槃，应该时时求。行止作息，有规律的时间，对有嫌疑的人事，必须慎重处理。人不可侮，天不可欺。僧众的来去，不要拒绝也不要挽留；别人的诽谤和赞誉，不要愤怒和贪求。内心没有什么惭愧的，外境没有什么畏惧的。或者如果你声誉鹊起，供养丰厚，利益恒多，就要畏惧造成四趣的业因，慎重地保持佛法僧三宝的交互扶持。

一般人生死轮回没有脱离，业苦难以逃脱。在他得志的时候，必须赶快思考正道的利益。视肉体如粪壤一般不净，利养被称为软贼。百年的时间并不算久，三界无有安处。珍惜每一寸光阴，应当求得解脱。古代诸先祖，皆留下好榜样：杖锡和尚一味吃土，丹霞只有一个布袋，赵州青灰满头，朗师编草为毡。或长期修甚深禅定，或优礼诏请而不就。大体上说，简约则少失误，奢华则招来讥讽；谦虚则有光彩，处下则不生嫉妒。现在距离佛的时代已经很远了，修行佛法是艰难的。出处进退要善观时势，不要自取侮辱。

36　保宁勇禅师示看经

原典

保宁勇禅师[1]示看经

夫看经之法，后学须知。当净三业。若三业无亏，则百福俱集。三业者，身、口、意也。一、端身正坐，如对尊颜，则身业净也。二、口无杂言，断诸嬉笑，则口业净也。三、意不散乱，屏息万缘，则意业净也。内心既寂，外境俱捐，方契悟于真源，庶研穷于法理。可谓水澄珠莹，云散月明，义海涌于胸襟，智岳凝于耳目。辄莫容易，实非小缘。心法双忘，自他俱利。若能如是，真报佛恩。

注释

①**保宁勇禅师：** 名仁勇，宋代临济宗杨岐派僧。初学天台，继谒雪窦重显而参禅学。后住湖南云盖山入杨岐方会门下，大悟禅旨。与白云守端云游四方，后在江苏南京保宁寺住持。有《保宁仁勇禅师语录》一卷传世。

译文

看经的方法，后学必须知道。应该净三业。若这三业无有亏欠，则百福俱集。三业就是身业、口业、意业。第一，端正身体而坐，如面对尊长，这样就身业净。第二，口中无杂言，断除嬉笑，这样就口业净。第三，意不散乱，屏息万缘，这样就意业净。内心寂灭之后，外境也就全忘却了，这时方才与真实本体相契合。这样去研究佛理，可以说是如水之清，如珠之晶莹，云散月明，佛理滚滚而来，涌于胸际，智慧如山凝结于耳目。不要把这看得轻易，这实在不是小机缘。在这种情形下，自心和外法都忘掉了，既自利又利他。如果能这样，才算报了佛恩。

37　大智照律师释门登科记序

原典

三代僧史，十科取人。[1]读诵一门，功业尤重。皇朝著令，帝王诞辰，天下度僧，用延圣祚。尊崇吾教，宣布真风。自古皆然，于兹尤盛。方今州县，净侍实繁，每岁选人，必量经业，开场考试，合格精通。公榜[2]星罗，奖平生之勤苦；纶恩[3]露坠，许毕世以安闲。外被田衣[4]，内怀戒宝。为法王子，作人天师。不事耕桑，端受信施。栖心物外，旅泊寰中。释子之荣，岂复过此？

近世出俗，多无正因。反欲他营，不崇本业。唯图进纳，滥预法流。或倚侍宗亲，或督迫师长。至有巡街打化，袖疏干求；送惠追陪，强颜趋谒。频遭毁辱，备历艰辛。为者百千，成无数十。岂信有荣身良策、安乐法门？斯由当本昧出家心，抑亦为人无丈夫志。况《莲华》妙典，鹫岭[5]极谈，大事因缘[6]，开佛知见。是诸佛降，灵本致实。群生悟入，津途无量。国中不知名字，幸而闻见，哪不诵持？岂独孤恩，诚为忘本。

奉勉未度者，宜加精至，早冀变通；已达者，莫废温寻，终为道业。百金供施，实亦能消。四辈[7]瞻依，谅无惭德。幻躯有尽，实行[8]不亡。故有舌相粲若红渠[9]，身骨碎如珠颗[10]。具书传录，识者备闻。况《般若》有经耳之缘[11]，《法华》校随喜之福[12]。幸依圣训，勿弃时阴。近期于削发为僧，远冀于破魔成佛。若能如此，夫复何言！所患“为僧不应于十科，事佛徒消于百载”。古贤深诫，宁不动心哉！

注释

①**三代僧史，十科取人：**三代僧史，指南朝梁慧皎之《高僧传》、唐道宣之《续高僧传》、宋赞宁之《宋高僧传》。此三僧传共分十科记述高僧的事迹，十科即(一)翻译，(二)解义，(三)习禅，(四)明律，(五)感通，(六)遗身，(七)读诵，(八)护法，(九)兴福，(十)杂科。

②**公榜：**官府的榜文。

③**纶恩：**皇帝的恩典。语出《礼记·缁衣》：“王言如纶。”

④**田衣：**袈裟的别称，又作水田衣、田相衣。因袈裟由横竖裁割成的布片缝缀而成，犹如田畴之状，故名田衣。

⑤**鹫岭：**又叫灵鹫山、灵山，位于中印度摩揭陀国王舍城东北，山形似鹫头，又山上多鹫，故名。据佛经，如来尝讲《法华》等大乘经于此，遂成佛教圣地。我国诸山名鹫峰者，皆沿袭印度。

⑥**大事因缘：**指佛的出生、成道，为众生能入佛的知见，故称一大事因缘。

⑦**四辈：**也称四众，即比丘、比丘尼、优婆塞、优婆夷等出家、在家男女。

⑧**实行：**指实际行为所造之业。

⑨**红渠：**渠亦写作“蕖”，芙蕖的简称。芙蕖即荷花。

⑩**珠颗：**按佛教所说，高僧遗骨焚烧后成为舍利。

⑪**经耳之缘：**在《药师经》也有此说法。如药师十二誓愿中第七愿说，愿我来世得菩提时，世上有情众生若有病苦，我的名号一经其耳，众病皆除，身心安乐。故佛教有“一入耳根，便成道种”之说。

⑫**随喜之福：**随喜指见他人行善，随之心生欢喜。《法华经·随喜功德品》载，听闻经典而随喜，渐次累

积，功德至大。

译文

三代僧史，共分十种介绍僧人。读诵一门，功业尤其重要。朝廷颁布法令，遇帝王诞辰，天下剃度僧人，用来延长皇朝的祚命。并表示尊重佛教，宣扬传布佛教。自古以来都是这样，本朝更为盛行。现在各地方州县做净侍的很多，每年选人，必衡量其经业如何，开场考试，取合格的、精通的。公布中试的榜文各处都有，以奖励僧人平生的勤苦；皇恩发露，给释子以终生的安闲。外边披着袈裟，内心怀着戒律。做法王子，当人天之师。不从事耕织，端坐受施主供养。行止于人寰之中，栖心于形物之外。还有能比释门这样的荣耀更高的吗？

近世出家人，多无纯正的原因。反倒想经营外务的，而不经营佛徒本分之业。唯一希图的是进身，滥参与佛门中事。或是倚仗皇亲国戚，或是督迫师父长上。甚至有沿街化缘时袖中藏着疏文求见官长的；有给官长送礼，追随奉陪，强装笑脸去谒见，连连遭受侮辱，备受艰辛的。这样做的何止百人千人，成功的没有多少。他们哪里相信有荣身的良策、安乐的法门呢？这是由于昧了出家人的本分良心，或是做人没有男儿丈夫的志气。

更何况《法华经》这样的妙典，其中有佛在鹫岭讲法的记载，佛出世及成道，是一大因缘，为令众生入佛的知见。诸佛出世，本是实有的。众生悟入的门径路途无量数。国中有多少人不知佛的名字，如今幸而听到，哪个不诵持？佛难道就这一点恩惠吗？那些不懂感念佛恩的人，是忘本的人。

勉励还没有得度者，应加精诚之功，希望早日精通；已经达到的，不要停止温习寻求，成就终究之道业。这样即使百金布施供养，也能消受。四众瞻仰皈依你，德行上想来也没有惭愧处。虚幻的肉体是有生灭的，行业则永远不会亡失。所以舌头之相，灿烂如粉红的荷花；身骨碎后，舍利如珠粒。这都是书中明载，有识者听闻过的。况且《般若经》中明载“一入耳根，便成道种”,《法华经》中说随喜可生功德。希望依照圣训去做，不要虚度光阴。从近处说，希望能削发为僧；从远处说，期望破除魔障，成就佛果。如果能这样，还有什么可说的呢！怕的是“当僧人不在十科上用功，白白消磨掉一生光阴”。古来圣贤已有深诫，能无动于衷吗！

38　陈提刑贵谦答真侍郎德秀书

原典

陈提刑贵谦答真侍郎德秀[1]书

承下问禅门事，仰见虚怀乐善之意。顾浅陋何足以辱此，然敢不以管见陈白？所谓“话头[2]合看与否”，以某观之，初无定说。若能一念无生，全体是佛，何处别有话头？只缘多生习气，背觉合尘，刹那之间，念念起灭，如猴狲拾栗相似。佛祖不得已权设方便，令咬嚼一个无滋味话头，意识有所不行。将蜜果换苦葫芦，淘汝业识，都无实义。亦如国家兵器，不得已而用之。今时学者却于话头上强生穿凿，或至逐个解说，以当事业，远之远矣！棱道者二十年坐破七个蒲团，只管看驴事未去马事到来。因卷帘大悟，所谓八万四千关捩子，只消一个锁匙开，岂在多言也？

来教示："诵佛之言，存佛之心，行佛之行，久久须有得处。"如此行履，固不失为一世之贤者，然禅门一着，又须见彻自己本地风光③，方为究竟。此事虽人人本有，但为客尘妄想所覆，若不痛加锻炼，终不明净。《圆觉经》云："譬如销金矿，金非销固有；虽复本来金，终以销成就。"盖谓此也。

来教又谓："道若不在言语文字上，诸佛诸祖何谓留许多经论在世？"经是佛言，禅是佛心，初无违背。但世人寻言逐句，没溺教网，不知有自己一段光明大事。故达磨西来，不立文字，直指人心，见性成佛，谓之教外别传。非是教外别是一个道理，只要明了此心，不着教相。今若只诵佛语而不会归自己，如人数他珍宝，自无半钱分。又如破布裹珍珠，出门还漏却。纵使于中得少滋味，犹是法爱④之见，本分上事。所谓"金屑虽贵，落眼成翳"。直须打并一切净尽，方有少分相应也。

某向来虽不阅大藏经，然《华严》《楞严》《圆觉》《维摩》等经，诵之亦稍熟矣。其他如传灯、诸老语录、寿禅师《宗镜录》，皆玩味数十年间。方在屋里着到，却无暇看经论也。《楞伽》虽是达磨心宗，亦以句读难通，不曾深究。要知吾人皆是诚心，非彼世俗自瞒，以资谈柄而已。姑以日用验之：虽无浊恶粗过，然于一切善恶逆顺境界上果能照破，不为他所移换否？夜睡中梦觉一如否？恐怖颠倒否？疾病而能作得主否？若目前犹有境在，则梦昧未免颠倒；梦昧既颠倒，疾病必不能作得主宰；疾病既作主宰不得，则生死岸头必不自在。所谓“如人饮水，冷暖自知”。待制舍人⑤于功名鼎盛之时，清修寡欲，留神此道，可谓火中莲华⑥矣。古人有言：“此大丈夫事，非将相之所能为也。”又云：“直欲高高峰顶立，深深海底行。更欲深穷远到，直到不疑之地。”

来教谓“无下手处”，只此无下手处，正是得力处。如前书所言，静处闹处皆着一只眼看，是甚么道理，久久纯熟，自无静闹之异。其或杂乱纷飞，起灭不停，却举一则公案⑦与之厕挨，则起灭之心自然顿息。照与照者同时寂灭，即是到家也。某亦学焉，而未至也，姑尽吐露如此，不必他示。恐有儒释不侔者，必大怪之。待制舍人他日心眼开明，亦必大笑而骂之。

注释

①真侍郎德秀：南宋大臣，学者。字景元，后更希元，号西山。建州浦城（今福建浦城）人，学者称西山先生。庆元进士，历知泉州、潭州等。曾反对韩侂胄出兵，主张积粮备战。后官户部尚书，改翰林学士，拜参

知政事。学宗程朱，晚喜佛教，曾参月林、铁鞭诸人。有《西山文集》。

②**话头**：禅宗公案中大多有一个字或一句话供学人参究之用者，称为话头。参禅时对公案之话头下功夫，称为参话头。

③**本地风光**：禅林用语，又称本来面目。指人人本具、不迷不悟之面目。即身心自然脱落而现的人人本具之心性。

④**法爱**：谓由证悟而爱着善法。天台宗有“无法爱”之说，也称离法爱、除法爱，以此斥责对自己证得之法的执着。

⑤**待制舍人**：官名。真德秀曾做过学官起居舍人兼太常少卿，故称待制舍人。

⑥**火中莲华**：又作火里莲。火中生莲花，比喻稀有之事。典出《维摩诘经》：“火中生莲华，是可谓希有。而欲以行禅，希有亦如是。”火喻尘世欲望，莲花喻禅，在世俗之尘世上能行禅，是稀有之事。

⑦**公案**：本为官府中判决是非的案例。禅宗将历代高僧的言行记录下来，作为修禅者的指示，久之亦成为一种思考对象或座右铭。此种言行录可以启发思想，供人研究，又可作为后代依凭的法式，故称公案。公案之风始于唐代，至宋代大行。

译文

承蒙您问我禅门的事情，可以看到您虚怀若谷和一心向善的意思。只是我浅陋之人，不足以谈论此事，但怎敢不以一管之见向您陈说呢？您所说的“应不应该看话头”，在我看来没有固定的答案。若果能一个念头不生，自己全体是佛，哪里还有别的话头？只因为人生来便有许多习气，违离正觉，追求尘世，刹那之间，念起念灭，就像猴子捡拾栗子一样。佛祖不得已，权且设方便法门，使人咀嚼一个没滋味的话头，使分别的意识到此止息了。将蜜果换苦葫芦，淘洗你的业识，实际上都没有实在意义。也就像国家的军队，不得已才用它。现今的学者都在话头上强生解说，穿凿附会，或者一个一个话头解说，把这当作事业，这真是远之又远了。棱道者二十年坐破七个蒲团，只管看驴事未去马事到来。因卷帘大悟，所谓八万四千关捩子只用一个钥匙开，哪里在多言呢？

你来信中说：“诵佛之言，存佛之心，行佛之行，时间久了，肯定有个得道处。”这样的做法，固然不失为一世贤者，但是禅宗这个法门，又必须彻底见得自己本来具有的心性，才是完全究竟的最上乘。本来具有的心性，人人都有，但是被外在的尘劳妄想所覆盖，若不痛加锻炼，终究不能明净。《圆觉经》说：“譬如炼金矿石，矿石中所含之金并不是炼出来的，而是矿石中固有的；但虽本来就有，终究要炼才能成金。”说的就是这个道理。

你来信中又说：“道如果不在语言文字上，诸佛诸祖为什么又要留许多经论在世上呢？”经是佛的言语，禅是佛的心，这话并不错。但世人只在言语文字上寻求，淹没在教言中，不知道自己有一段光明伟俊的大事。所以达磨西来，不立文字，直指人心，见性成佛，称作教外别传。并不是说教外另有一个道理，而是要明了此心，不要着了教言的相。如果只背诵佛的言语，而不知道归到自己心上来，就好像数别人的珍宝，自己没有半文钱。又好比破布中的珍珠，出门还要漏掉。纵然在这当中得到一些小小滋味，仍然是对法的执着，属本有的贪欲。就像人们所说的“金屑虽然贵重，落入眼中也成翳”。必须把一切打扫干净，这才会有一些小小的相应。

我一向虽然不看大藏经，但《华严经》《楞严经》《圆觉经》《维摩诘经》等，诵得也有些熟。其他如各种传灯、诸老语录、延寿禅师的《宗镜录》，皆玩味数十年。虽也常在屋里，却无暇看经论。《楞伽经》虽然是达磨理论的纲要，也因为句读难通，不曾深究。总的说，我们都是诚心，并非像世俗人那样自己欺瞒自己，以供给谈话的话柄而已。姑且在日用常行中验证：虽然没有浊恶大过，但是不是在一切善恶顺逆的时候，果然都能把它照破，不被它改变？晚上睡觉，做梦时和醒着时一样吗？生恐怖颠倒吗？生病时能自己做主吗？如果眼前还有外境在，那么做梦就免不了颠倒；做梦免不了颠倒，有病时必然自己做不了主宰；有病时既然做不了主宰，则生死关头必不能自在。所谓“如人饮水，冷暖自知”。你于功名鼎盛之时，清修寡欲，留心禅法，可谓火中生莲，稀有之事。古人有言：“修行是大丈夫的事，不是将相所能做的。”又说：“只想在高高的峰顶上站立，深深的海底里行走。更想探究深远，直到不疑之地。”

你来信中说“没有下手处”，只这个没有下手处，正是你得力处。就像前次信中说的，静处和闹处都着眼去看，这是什么道理，日久纯熟之后，自然没有静和闹的区别。或者杂乱纷飞，起灭不停，却举一则公案让他参究，于是起灭之心自然会马上停息。能照之人和所照之物同时寂灭，这就算到家了。我也是学这种方法，但没学到家，姑且给你说这些，不要给别人看。我怕不把儒释看作平等法的人一定会奇怪。你以后心眼开明，也一定大笑而骂它。

39　唐禅月大师座右铭（并序）

原典

唐禅月大师[1]座右铭（并序）

序曰：愚常览白太保[2]所作《续崔子玉座右铭》一首，其词旨乃典乃文，再恳再切，实可警策未悟，贻厥将来。次又见姚崇、卞兰、张说、李邕[3]皆有斯文，尤为奥妙。其于束勖婉娩，乃千古之鉴诫资腴矣。愚窃爱其文，唯恨世人不能行之，十得一二。一日因袖毫，遂作续白氏之续，命[4]曰《续姚梁公座右铭》一首。虽文经理纬[5]非逮于群公，而亦可书于屋壁。

善为尔诸身，行为尔性命。祸福必可转，莫恚言前定。见人之得，如己之得，则美无不克；见人之失，如己之失，是亨贞吉。反此之徒，天鬼必诛。福先祸始，好杀减纪，不得不止。守谦寡欲，善善恶恶，不得不作。无见贵热，谄走蹩躄；无轻贱微，上下相依。古圣著书，矻矻孳孳，忠孝信行，越食逾衣。生天地间，未或非假，身危彩虹，景速奔马。胡不自强，将升玉堂？胡为自坠，言虚行伪？艳殃尔寿，须戒！酒腐尔肠，须畏！励志须至，扑满[6]必破。非莫非于饰非，过莫过于文过。乃物阴功，子孙必封；无恃文学，是司奇薄[7]。患随不忍，害逐无足。一此一彼，谐官合征。

亲仁下问，立节求己。恶木之阴匪阴，盗泉之水非水。世孚草草，能生几几？直须如冰如玉，种桃种李。嫉人之恶，酬恩报义。忽己之慢，成人之美。无担虚誉，无背至理。恬和顺畅，冲融终始。天人景行，尽此而已。叮咛叮咛，戴发含齿[8]。

注释

①**禅月大师：**名贯休，唐末五代僧，婺州兰溪（今浙江金华）人。七岁出家，受具足戒后，入浙东五泄山，修禅十年。善绘佛像，尤工水墨罗汉，所画罗汉貌相古野。又擅书法，诗词亦颇有名。尝参谒吴越王钱镠、前蜀主王建等，皆受优遇。王建子王衍赐紫衣，署号禅月大师。

②**白太保：**即白居易。因曾官太子少傅，故称太保。

③**姚崇、卞兰、张说、李邕：**皆唐朝名臣，兼擅文章。张说所写有关佛教的像赞、碑铭甚多，其中最著名的是《唐玉泉寺大通禅师碑》，对禅宗北宗神秀的思想和传承，有较详的记载。

④**命：**命名。

⑤**文经理纬：**经纬指织布的直线和横线。文经理纬，是说文采是文章的经线，义理是文章的纬线。

⑥**扑满：**扑，打破。扑满即储钱币的瓦器，只有一口用于投钱。器满，打破取钱。满则扑，故称扑满。

⑦**奇薄：**奇和薄都指命运不好。如杜甫有“文章憎命达”之句。

⑧**戴发含齿：**指人类。《列子·黄帝》说：“有七尺之骸，手足之异，戴发含齿，倚而趣者，谓之人。”

译文

序曰：我常看白居易所作《续崔子玉座右铭》一首，它的词旨典雅，又有文采，十分恳切，真可以警醒鞭策没有觉悟的人，留传到后世。又见到姚崇、卞兰、张说、李邕都有这一类文字，特别精妙。在约束勉励而又文辞温婉方面，是千古以来鉴诫文中的好资料。我喜爱他的文章，只恨世人不能按它去实行，十分才能行一二分。一日，因随身带笔，于是续作白居易之续，名《续姚梁公座右铭》一首。虽然文采义理不能与这几个先生比，但也可以写在屋墙上。

善是你的身体，行是你的性命。祸福是一定能转化的，不要相信前定之说。见别人有所得，就好像自己有所得，能这样随喜，则不怕没有达不到的善果；见人有失，就好像自己有失，这样就会贞吉。与此相反的人，神鬼必定诛灭。福往往在祸的开始之前，喜欢杀生会减损寿命，不得不停止。守谦退、少欲望，见善必定随喜，见恶必定厌恶，行善者要依此奉行。不愿攀和权贵往来，那些谄媚的人像蹩脚的人爬行于权贵之中；不要轻视身份卑贱的人，在上在下者相互依靠。古代圣贤著书，勤勉辛苦，说的都是忠孝节义，侍候父母胜过爱护自己。人生天地间，必须将外在一切视作虚假，身体比彩虹还要容易逝去，光阴迅速过于奔马。怎能不自强，使自己升入玉堂中去呢？怎能自甘堕落，言行虚伪呢？色欲祸害你的寿命，必须戒除！酒会腐烂你的肠胃，必须小心！激励志气，必定能达到所愿；骄傲必定失败，比如储钱瓦罐满必破开。最大的错误在于掩饰错误，最大的过犯在于文饰过犯。广积阴功，子孙必定封侯拜相；不要自恃才学，才学使人运乖命薄。祸害是跟随着不知忍让的，灾殃是跟随着不知满足的。祸害和福荫，积善功和不知容忍不知满足都是彼此有征验的。

亲近有仁德的人，不耻下问；树立气节，要求自己达到。恶木的树荫不可纳凉，盗泉的水不可饮用。与世沉浮的人虽多，能成就的有几人？必须如冰如玉一般清洁，广种桃李。憎恶人做恶事，别人对自己有恩，一定要报答。纠正自己的骄傲，成就别人的好事。不要担虚假的荣誉，不要违背至理。恬然顺畅，冲虚和融。天上人间的高尚行为，也就这么多了。我向人们叮咛再三。

40 佛鉴勤和尚与佛果勤和尚书

原典

佛鉴[1]勤和尚与佛果[2]勤和尚书

惠勤启上：昔奉祖峰[3]老师左右，尝闻其语：“今时丛林学道之士，而声名不扬，匪为人之取信者，良由梵行[4]不清白，为人不谛当，辄欲苟异名闻利养，乃广炫其华饰，遂为有识者所讥。故蔽其要妙，尔辈他后，忽风云际会，出来为人天师范者，切宜以此事自勉。”某得闻此语，遂书诸绅[5]，铭于心，终身诵之不敢忘。

近有禅客至此传闻，夹山[6]禅师迩来为兄弟请益[7]雪窦，其洪机捷辨，出没渊奥，颇异诸方，自古今未有也。某闻之不觉洒涕。自谓高蹈之士，何至此矣！老兄何不激扬达磨未来时因缘，诱接学者，以报先圣之德。

无乃牵蔓至此，何太错也！此盖老兄博览古今所蕴之妙，而不愤今时邪党异说，有昧古人之意。故奋发大用，益舒卑愿，开显先德之机，以破其蔽，意在此。然高明远识者有以见亮，必无外也。第恐晚进后昆疑其言句尖新，以为佛法只如此矣，遂坐守化城[8]，不能进至宝所，为害非浅。

就此而言，不唯有损宗教，亦乃无益于学者。某不惧罪责，敢以先师所授之言以告于左右。倘能自勉，则幸莫大焉。苟或以此见弃于我者，亦不罪于左右也。不宣。

注释

①**佛鉴：**名慧勤，亦作惠勤，宋代临济宗僧，舒州（今属安徽）人，字佛鉴。幼师事广教圆深，后参谒五祖法演，并为其法嗣。曾住舒州太平山兴国禅院，道法大播。

②**佛果：**名克勤，四川崇宁人。自幼出家，受具足戒后，于成都依圆明学习经论，后至五祖山参谒法演。至荆州，被当世名士张商英礼谒，与谈禅门宗旨，后住夹山灵泉禅院，敕赐佛果禅师。后迁金陵蒋山，大振宗风。宋高宗赐号圆悟，世称圆悟克勤。与佛鉴慧勤、佛

眼清远同被称为“五祖下三佛”。弟子有大慧宗杲、虎丘绍隆等禅门龙象。有《碧岩录》十卷，世称禅门第一书。另有《语录》二十卷传世。

③**祖峰**：即五祖山法演。

④**梵行**：也叫净行，指僧俗二众所修的清净行为。

⑤**书诸绅**：绅，束衣服的大带。《论语·卫灵公》记，孔子弟子子张问如何能行得通，孔子告诉他言忠信，行笃敬。子张就把孔子这些话写在大带上。

⑥**夹山**：名惟俊。宋代云门宗僧，嗣法福昌重善。

⑦**请益**：禅林用语，指学人受教后，就尚未明白之处进一步向师请教。

⑧**化城**：指变化之城邑。《法华经》卷三《化城喻品》载，有众人将过险难恶道以达宝处，疲极欲返。其导师为振奋众人，以方便力，于道中化作一城，令大众在其中休息，终能向宝处前进。这一比喻说明二乘所得之涅槃非为真实，乃是佛为使大众到达大乘至极佛果而设之方便假说。

译文

惠勤启上：过去侍奉法演老师左右，曾经听到过他说：“现时丛林学佛法之士，名声不扬，不为人所取信，实在是由于行为不清白，做人不妥当，总想侥幸得到声名利益和供养，于是就拼命装饰起来招摇过市，遂为有见识的人所讥讽。所以掩藏善德，在这些人之后，逢风云际会之时，出来做人及天界的师范的人，切应以这件事自勉。”我听到这些话，就牢牢记着，铭记于心，终身讽诵不敢忘。

近来有禅僧到这里传闻，夹山惟俊禅师为同道兄弟请教雪窦重显，机锋峻利，辩说快捷，问答皆深刻奥妙，和其他人不一样。自古至今，没有像他这样逞强辩说的。我听到后不觉为之流泪。自视道行高超的人，哪个能做到他这样！老兄何不激扬达磨没有来时的机缘，接引诱导学者，用以报答先圣的美德。可是你竟然被牵缠于语言的戏论，这真是大错误啊！这都是因为你虽然博览古今经典中所蕴藏的妙义，而对现在邪党异说却没有愤慨之情，不明白古人的所言，都是为破邪显正之机用呀！所以，立大誓愿，发大作用，彰显先辈大德的机用，以破邪党异说的蒙蔽，我以为你应着力于此。高明有远见的人知道这些，肯定没有非议。只怕晚辈后进，见邪党异说尖刻新颖，以为佛法就是这样。于是坐守虚假的幻象，不能到达真正有宝藏的地方，这为害不浅。

就此而言，不仅有损于禅宗教义，也对学者没有好处。我不怕罪责，敢以法演老师所教的话来告诉你。倘若能自勉励，就是大好事了。假如因为这件事损害了我们的友谊，我也不归罪于你。暂至此。

41　隋高祖文皇帝敕文

原典

隋高祖文皇帝[1]敕文

皇帝敬问光宅寺智顗禅师：朕于佛教，敬信情重。往者周武之时，毁坏佛法，发心立愿，必许护持。及受命于天，仍即兴复。仰凭神力，法轮重转，十方众生，俱获利益。

比以有陈虐乱残暴，东南百姓，劳役不胜其苦。故命将出师，为民除害。吴越之地，今敕廓清，道俗又安，深称朕意。朕尊崇正法，救济苍生，欲令福田永存，津梁无极。师即已离世网，修己化人，必希奖进僧行，固守禁戒，使见者钦服，闻即生善。方副大道之心，是为出家之业。若身从道服，心染俗尘，非直含生之类无所归依，抑恐妙法之门更来谤讟[2]。宜相劝励，以同朕心。春日渐暄，道体如宜也。开皇十年正月十六日。

注释

①**隋高祖文皇帝：**隋朝第一个皇帝文帝杨坚。

②**谤讟：**讟音 dú，怨言诽谤之义。

译文

皇帝敬问光宅寺智顗禅师，我对于佛教敬信，感情深重。过去北周武帝毁坏佛法时，我就发愿一定要护持佛法。到我受命于天，登上皇位后，我即刻复兴佛教。仰仗佛的力量，终使法轮重转，十方众生，都获得利益。

近几年来陈朝作乱，肆虐残暴，东南百姓，不胜劳役之苦。所以命将出征，为民除害。吴越一带，现在已经扫清，道俗二众又得安宁，我很为此高兴。我尊崇正法，救济苍生，想广植福田，永远为众生存留度脱苦海，到达彼岸之津梁。您既然已经离开俗世尘网，修炼自身，化导他人，一定希望奖掖众僧，使其精进，固守戒律禁令，使见到的人钦仰敬服，听闻者即能生善。这样才符合佛教的意思，这才是出家的事业。如果身上穿着僧服，心里染着尘俗，不仅有情众生无所皈依，也恐怕妙法佛门会招来诽谤。应该加以鼓励，使合于我的心意。春日渐渐到来，望您保重身体。开皇十年（公元五九〇年）正月十六日。

42　觉范洪禅师送僧乞食序

原典

觉范洪禅师[①]送僧乞食序

曹溪六祖初以居士服至黄梅，夜舂以石坠腰。牛头[②]众乏粮，融乞于丹阳，自负米斛八斗，行八十里，朝去暮归，率以为常。隆化惠满[③]，所至破柴制履。百丈涅槃，开田说义。坠腰石尚留东山，破柴斧犹存郧镇。江陵之西有负米庄，车轮之下有大义石。衲子每以为游观，不可诬也。世远道丧，而妄庸寒乞之徒，入我法中。其识尚不足以匡欲，其可荷大法也？方叠花制袜，以副丝绚，其可夜舂乎？纤罗剪袍，以宜小袖，其可破柴乎？升九仞之峻，仆夫汗血，不肯出舆，其可负米乎？方大书其门云，“当寺今止挂搭”，其肯开田说义乎？

余尝痛心抚膺而叹者也。屡因弘法致祸，卒为废人。方幸生还，逃遁山谷。而衲子犹以其尝亲事云庵[4]，故来相从。余畜之无义，拒之不可，即闭关坚卧。有扣其门而言者曰："云庵法施[5]如智觉，爱众如雪峰[6]。出其门者今皆不然：道未尊而欲人之贵己，名不耀而畏人挨己；下视禅者如百世之冤，谄事权贵如累劫之亲。师皆笑蹈此污而云：'庶几云庵爪牙矣。'"于是蹶然而起曰："然则无食奈何？"曰："当从净檀行乞，亦如来大师之遗则也。老人肯出，则庶使丛林知云庵典刑尚存。"余嘉其言，因序古德事以慰其意，当有赏音者耳。

注释

①**觉范洪禅师：**宋代临济宗黄龙派僧。瑞州（今江西高安）人，年十九，于东京天王寺剃度，初名慧洪，字觉范。能通唯识奥义，并博览子史之书。后谒真净克文而得法。迁金陵清凉寺，遭诬陷入狱，因与丞相张商英、太尉郭天民交好，张、郭奏免，并更名德洪。后张、郭遭遣谪，受牵连，被夺袈裟，三年始还。后又遭诬陷入狱，出狱后恢复慧洪旧名。著作极丰，最著者为《林间录》二卷、《禅林僧宝传》三十卷和《石门文字禅》三十卷。

②**牛头**：指牛头宗，禅宗的一支。宗祖为牛头法融。法融初从三论宗之炅法师出家，后入江宁牛头山幽栖寺北之石洞中枯坐，感百鸟衔花之瑞。四祖道信闻之，前往付其法，由此法席大盛，自成一派。此为禅宗分派之始。唐时大盛，到宋代衰微。

③**惠满**：唐代僧，河南荥阳人。曾投僧那门下参禅。贞观年间，任洛州会善寺住持，后迁相州隆化寺。

④**云庵**：慧洪之师真净克文，号云庵。

⑤**法施**：指宣说教法，利益众生。

⑥**雪峰**：名义存，唐代僧，泉州南安（今属福建）人。十二岁在蒲田玉润寺为童侍，十七岁落发，谒芙蓉山恒照大师。后游历至湖南常德，参谒德山宣鉴，并承其法嗣。又还福州象骨山，因其山有雪峰之称，因以为号。唐信宗赐号真觉大师。法嗣以云门文偃为最著，乃云门宗之祖。

译文

曹溪六祖惠能当初穿居士服到黄梅，晚上腰间绑一大石踏碓舂米。牛头宗的僧众没粮吃，法融禅师到丹阳县乞食，自己背一斛八斗米，走八十里，早上去晚上回来，以此为常事。隆化寺的惠满自己劈柴草做鞋子，百丈涅槃禅师以开荒地为众僧说法。坠腰石尚留在东山，劈柴斧还留在郧镇。江陵之西有负米庄，车轮之下有大义石。僧众们每每把它作为游玩观赏之物。这些遗物是圣贤的典范，而不是虚说。圣世已远，佛法沦丧，而平庸寒酸的乞食之徒入到我们佛教中。他们的知识连控制欲望都做不到，怎么能希望他们担负大法呢？他们正叠花制袜以求和丝的绚烂颜色相配，他们能夜里舂米吗？他们正裁剪丝绸的袍子以使与小袖配合，他们能劈柴吗？上险峻的高山，轿夫累得流汗，他们坐在轿中不肯出来，这种人能背米吗？在山门上写上大字，“本寺不接纳挂搭僧”的人，他们能在田里边干活边说法吗？

我曾痛心疾首，摸着胸口慨叹！屡次因弘法遭受祸患，最后成了一个废人。所幸活着出来，逃到山谷中。而众僧还是认为我曾经亲侍过真净克文禅师，所以来相从。我收留他们吧，没有名义；拒绝他们又不可，于是闭关坚卧。有人叩门对我说：“真净克文说法好像智觉延寿，爱护僧众好像雪峰义存。可是现在他的门下却不是这样：道行尚未尊大便要人看重他，名声还未远播就怕别人亲近自己；把参禅问道者视为前世的仇人，谄媚权贵好像他多少代的亲戚。老师耆宿都嘲笑这样的丑行说：‘这差不多是真净的爪牙了。’”于是我跳起来说：“可是没有粮食吃怎么办呢？”这人说：“可以向施主乞食，这也是如来大师遗留的规则。你如果肯出来统领僧众，差不多能使禅林知道真净克文的规矩还在。”我认为这话很对，所以叙述古来大德的事迹抚慰大家的心意，应该有欣赏这些话的人吧！

43 自保铭

原典

夫求名者不以德而求之，谓之恶名；求利者不以道而求之，谓之恶利。恶名为智人之所嫌，恶利有来业之所畏。“上德不德”①，老氏诚言；四邪、五邪②，释门切忌。宁以实而失，不以得而伪。小人趋恶名之名，君子存大利之利。福劣财强，财必为殃；德薄任大，任速成害。古人者只要心达，不要身达。他贤莫掩，我贤莫伐。若如是，则知其命，合其道，终一身而自保。

注释

①**上德不德**：《老子》第三十八章：“上德不德，是

以有德。”意思是，有高尚道德的人不自以为有德，这正是他的有德处。

②**四邪、五邪：**四邪又称四邪食，是佛教所认为的四种不正当的谋生方式，如种植田园、观星占卜、谄媚权门等。五邪指为得到财物而做的五种邪道，即欺诈、夸耀自己、占吉凶、高声威胁、称赞供养者等。

译文

求名的人如果不是用德行求来的，叫作恶名；求利的人如果不是用正道求来的，叫作恶利。恶名为有智之人所憎恶，恶利有招来恶业的可怕处。“有高尚道德的人不自以为有道德，这正是显示他的有德处”，老子已经有这样的诫言了。四邪和五邪，是佛门所切忌的。宁肯以诚实而失去，不用虚伪的手段得到。小人追逐的名是恶名，君子得到的利是大利。福德低下而有钱财的，钱财必定给他带来灾殃；道德不好而担负大责任的，这责任必定很快成为他的祸害。古人只要求内心道德的高尚，不要处在于高官厚禄。别人的优点不要掩没，自己的优点不要自夸。如果能这样，则知道他的天命，追求他应该做的，终其一生，能够自保。

44　上竺佛光照法师示小师正吾

原典

上竺佛光照法师[①]示小师[②]正吾

为人难，为人师不易。难者何？曰天资，曰学问，曰识见，曰气象。无天资，无学问，无识见，无气象，若是而能为人者，未之有也。有天资而后有学问，有学问而后有识见，有识见而后有气象，若是能为人，未也。是何也？天资不高，学问不博，识见不明，气象不雅，犹之不能也。不高则庸，不博则窒，不明则回，不雅则野。高而智，博而达，明而正，雅而文。四者备，能为人矣。

而欲为人师者，未之可也。曷为不易？曰宗旨，曰教义，曰法相。不得乎宗旨，不通乎法相[③]，不辨乎教义，犹之不可也。能提宗旨矣，能析教义矣，能解法相矣，不有师承，不明境观，而能与人为师者，未之有也。师承正，境观明，而不超悟洞彻佛意者，犹之不能也。亦既超悟洞彻矣，不能忘境观、绝知见、离法爱，为大导师者，未之有也。三者具矣，而不知进退得失者，犹之不可。故曰：为人难，为人师不易。

注释

①**佛光照法师：**名祖元，宋代临济宗杨岐派僧，明州庆元府（今属浙江）鄞县人。别号无学。年十三削发出家，留住五年，乃往参无准，又历参石溪心月、虚堂智愚等。后归乡。一日，打水辘轳转动得悟。住台州真如寺，后元兵来寇，避乱至温州能仁寺。受日僧邀请渡海赴日，住建长寺，为日本禅宗佛光派之祖。敕谥佛光禅师、圆满常照国师。

②**小师：**又作小僧、雏僧，指受具足戒未满十年的僧人，若满十年，则称住位。

③**法相：**诸法所具之本质相状或意义内容。这里指名相，即佛教的名词、概念范畴。

译文

做人难，做人的师父更不容易。难在什么地方？难在天资、学问、见识、气度涵养。没有天资、没有学问、没有见识、没有气度涵养，这样能做人的，没有的事！有天资然后有学问，有学问然后有见识，有了见识然后才有气度涵养，这样能做人的，也还不行。这是为什么？天资不高，学问不广博，见识不高明，气度涵养不雅致，也是不行的。天资不高则平庸，学问不广博则窒碍，见识不高明则暗昧，气度涵养不雅致则粗野。天资高则有智慧，学问广博则明达，见识高明则正确，气度涵养雅致则有文采。这四者都具备，才能做个人。

而想要以此做别人的老师，也不行。为什么不容易达到呢？曰宗旨、教义、名词。不能得宗旨，不懂名词概念，不能辨明教义，是不行的。能提掇宗旨，能分析教义，能解释名词概念，没有师父传授，不明白外境，而能做人的老师的，是没有的事。有好的老师传授，有对外境的正确认识，但是不能超悟洞彻佛的意思，也不行。能超悟洞彻，但不能忘掉外境，断绝知见，舍离对万法的执着，能做大导师的，也是没有的事。这三者都具备了，而不明白如何对待进退得失，也不行。所以说，做人难，做别人的师父更不容易。

45　圭峰禅师示学徒委曲

原典

一从别后相忆是常，未审朝暮用心在何境界？得背尘合觉否？外境内心，觉了不相关否？定慧轻安适悦否？修行若忘失菩提心，知之总是魔业否？数数觉察，勤勤观照。习气若起，当处即休，辄莫随之，亦莫灭之。何以故？阳焰之水[①]不应趁故，不应灭故。不应趁故，免落凡夫纵情；不应灭故，免堕二乘调伏。圆宗顿教[②]，毕竟如斯。但与本性相应，觉智自然无间。长时之事，难可具书，略标大分。自须努力，不多述也。

注释

①**阳焰之水**：佛教一种比喻。认为器世界实际上是空，它是心、心所的变现。就如阳光照射飘动的沙尘，闪耀如光焰。口渴之人视此幻境，以为前有流水。阳焰之水指虚幻的现象。

②**圆宗顿教**：指大乘顿悟之说。与渐修相对。

译文

自从别后，常常想念你们，不知你们现在早晚用心在什么地方？是不是背离尘俗，合于觉悟？外境与内心，是不是觉得它们了不相关？禅定时身体舒适吗？是不是知道修行中若是忘了菩提心那就是魔业？时时觉察，勤勤观照。习气若是生起，马上就停止，不要随着它去，也不要强硬灭除。为什么呢？虚幻的现象不应信以为真，也不应该灭绝。不应信以为真，是为了免于落在凡夫放纵情欲中；不应该什么都灭绝，是为了免于堕入小乘的顽空。圆满的顿悟教派，以上这些不堕于空有之见，是它的根本理论。只要与自己本具的佛性相符合，觉悟和智慧自然就没有间断。日常的修行一时难以都写在这里，略标出大要。自己努力吧，我不多说了。

46　商太宰问孔子圣人

原典

商太宰问孔子[①]圣人

太宰嚭[②]问孔子曰：“夫子圣人欤？”对曰：“丘也博识强记，非圣人也。”又问：“三王圣人欤？”对曰：“三王善用智勇，圣非丘所知。”又问：“五帝圣人欤？”对曰：“五帝善用仁义，圣非丘所知。”又问：“三皇[③]圣人欤？”对曰：“三皇善用时政，圣非丘所知。”太宰大骇曰：“然则孰为圣人乎？”夫子动容有间，曰：“丘闻西方有圣者焉，不治而不乱，不言而自信，不化而自行。荡荡乎人无能名焉。”据斯以言，孔子深知佛为大圣也。时缘未升，故默而识之。有机故举，然未得昌言其致矣。

注释

①商太宰问孔子，原载于《列子·仲尼》，文字与本文有异。道宣收入所辑《广弘明集》。

②**太宰嚭：**名伯嚭，春秋末吴国大臣。原为楚人，后出奔到吴。吴王夫差即位后，擢升为太宰，故称太宰嚭。为人谄佞，巧于逢迎，颇受吴王宠信。陷害伍子胥至死。吴亡后，被杀。

③三王、五帝、三皇皆指传说中上古时代的圣王。如伏羲、神农、轩辕、帝喾、颛顼、尧、舜、禹、汤等。

译文

太宰嚭问孔子："您是圣人吗？"孔子回答说："孔丘不过博闻强识，不是圣人。"太宰嚭又问："三王是圣人吗？"孔子说："三王善于运用智慧和勇力，是不是圣人，不是我能知道的。"太宰嚭又问："五帝是圣人吗？"孔子回答："五帝善于运用仁义，是不是圣人，不是我所能知道的。"又问："三皇是圣人吗？"孔子回答："三皇善于根据时势制定政策，是不是圣人，我不知道。"太宰嚭大惊，说："那么谁是圣人呢？"孔子改变表情，过了一会说："我听说西方有圣人，不用治理而国家不乱，不用说话而自然有信用，不用教化百姓自己就会去做。伟大啊！

没有人知道他的名字。”根据这里说的，孔子深知佛为大圣人。时机未到，故默默地把它记下来。有机缘把它说出来，但没有说到它的根本宗旨。

47 抚州永安禅院新建法堂记

无尽居士撰

原典

临川陈宗愈，于永安长老会中得大法，喜捐其家资，为建丈室、作修廊。方且鸠材以新法堂，而宗愈死。其二子号诉于常[①]曰：“吾先子之未奉佛也，安且强；既奉佛也，病且亡。佛之因果可信耶？其不可信耶？”常曰：“吾野叟也，不足以譬子。子第成父之志而卒吾堂。吾先师有得法上首无尽居士，深入不二，辩才无碍，随顺根性，善演音。法堂成，当为子持书求诲，决子之疑。”

绍圣元年[②]春，常遣明鉴至山阳，以书来言。会予方以谏官[③]召还未暇。明年，鉴又至京，待报于智海禅刹。尔时居士默处一室，了明幻境，铁轮旋顶[④]，身心泰定。明鉴雨泪悲泣，殷勤三请：“大悲居士，佛法外护，付与王臣。今此众生，流浪苦海，贪怖死生，迷惑因果。惟愿居士作大医王，施与法药。”

居士曰：“善哉！善哉！汝乃能不远千里，为陈氏子谘请如来无上秘密、甚深法要。谛听吾说，持以告之。善男子，大空寂间，妄生四相[⑤]。积气为风，积形为地，积阳为火，积阴为水。建为三才，散为万品。一切有情，水火相摩，形气相结，以四小相[⑥]具四大界。因生须养，因养须财，因财须聚，因聚成贪，因贪成竞，因竞成嗔，因嗔成狠，因狠成愚，因愚成痴。此贪嗔痴，诸佛说为三大阿僧祇劫[⑦]。人于百年劫中，或十岁、二十岁，或三十、四十岁，或五六十岁，或七八十岁，各于寿量，自为小劫。于此劫中，而欲超越不可数劫，譬如蚯蚓欲升烟云，无有是处。诸佛悲愍，开示檀波罗蜜[⑧]大方便门，劝汝舍财。汝财能舍，即能舍爱；汝爱能舍，即能舍身；汝身能舍，即能舍意；汝意能舍，即能舍法；汝能舍法，即能舍心；汝心能舍，即能契道。

“昔迦叶尊者行化，有贫媪以瓦破器中沈汁施之。尊者饮讫，踊身虚空，现十八变。贫媪瞻仰，心大欢喜。尊者谓曰：‘汝之所施，得福无量。若人若天，轮王[⑨]、帝释[⑩]、四果圣[⑪]、人及佛菩提，汝意所愿，无不获者。’媪曰：‘止求生天。’尊者曰：‘如汝所欲。’过后七日命终，生忉利天[⑫]，受胜妙乐。又罽宾国王在佛会听法，出众言曰：‘大圣出世，千劫难逢。今欲发心造立精舍，愿佛开许。’佛云：‘随尔所作。’罽宾持一枝竹插于佛前，曰：‘建立精篮[13]竟。’佛云：‘如是如是。’以是精篮，含容法界；以是供养，福越河沙。

“鉴来为吾持此二说归语檀越：善自择之，汝父所建堂室廊庑，比一器沈得福甚多，生天受乐决定无疑。若比罽宾国王插一枝竹，乃能含容无量法界。汝欲进此，听吾一偈：

一竿修竹建精篮，风卷蟭螟[14]入海南。

恶水泼来成第二[15]，钝根蹉过问前三[16]。”

于是明鉴踊跃信受，归告其人。笔集绪言，刻以为记。

注释

①**常：**指疏山了常禅师。

②**绍圣元年：**北宋哲宗赵煦的年号。绍圣元年为公元一〇九四年。

③**谏官：**负责监察及向皇帝规劝、提意见等的官吏。张商英在哲宗时任右正言、左司谏等职，故称。

④**铁轮旋顶：**佛教以铁、铜、银、金、琉璃、摩尼等六轮配十信、十住、十行、十回向、十地、等觉等菩

萨阶位。铁轮即十信阶段。铁轮旋顶意即敬奉十种心，这十种心即信心、念心、精进心、定心、慧心、戒心、回向心、护法心、舍心、愿心。

⑤**四相：**即四大，意思是组成世间万物的四种基本元素，它们是地、水、火、风。

⑥**四小相：**指生、住、异、灭。佛教认为每一事物必经此四阶段。

⑦**阿僧祇劫：**阿僧祇，梵语音译，是印度的数目之一，无量数或极大数之意。劫为极长远之时间名称。阿僧祇劫即无量数劫。三阿僧祇劫即菩萨修行至于佛果所需经历的时间。

⑧**檀波罗蜜：**也叫檀那波罗蜜。檀那，即施主。波罗蜜，即到彼岸。檀波罗蜜即施与他人以财物、体力、智慧等，为他人造福，因而积累功德以至解脱的修行方法。

⑨**轮王：**又称转轮王，意即旋转轮宝之王。王拥七宝，具足四德，统一须弥四洲，以正法御世，其国丰饶，人民和乐。

⑩**帝释：**也称帝释天，释尊之守护神。

⑪**四果圣：**指小乘的阿罗汉。

⑫**忉利天：**即三十三天。在佛教的宇宙观中，此天位于欲界六天之第二天，系帝释天所居之天界。

⑬**精篮：**也作伽蓝，与精舍皆寺院之意。

⑭**蟭螟：**古代传说中一种极小的虫。

⑮**恶水泼来成第二：**禅宗公案故事。唐代赵州从谂行脚参谒临济义玄，恰逢义玄正在洗脚。赵州问："什么是祖师西来意？"临济回答："正好碰到老僧洗脚。"赵州更欲近前细听，临济乃说："更要第二杓恶水泼在！"赵州便退下。禅林中有"第二杓水更毒"之语，意为第二次所用机锋比第一次更毒辣。这里用这一公案化入偈中，用指利根人之顿悟。

⑯**钝根蹉过问前三：**钝根人浪费时光，还问前三生是什么因缘。总四句偈的意思是说，建寺院布施为德行第一，利根人顿悟为其次，钝根人蹉跎岁月，是为下。暗含教导陈氏子修行之序。

译文

临川陈宗愈，在永安禅院长老会中悟得佛法，高兴地捐赠他的家资建方丈室、修长廊。正准备聚集木材翻新法堂，陈宗愈死了。他的两个儿子哭诉于了常禅师前，说："先父信奉佛法之前平安健康，信奉佛教之后生病又亡故。佛教所说的因果可信还是不可信？"了常禅师说："我一个山野老汉，不足以让你明白。你只要完成你父亲的志愿，把我的法堂修好。我先师有得法高弟张无尽居士，深研不二法门，口才极好，随顺众生不同的根性，善于演说佛法。法堂建成后，我将为你写封信，你拿着信去求他开示，解开你的疑团。”

绍圣元年春，了常遣明鉴和尚到山阳，拿着了常的信，正好碰到我以谏官奉诏回京师，没有闲暇。第二年，明鉴又到京师，住在智海禅寺中等我的回音。此时我静默地独处一室，明白外在幻景，敬奉十种心，身心安泰。明鉴下泪悲泣，再三请求：“大慈大悲的居士，京城中护持佛法的任务，是托付给王公大臣的。众生在苦海中沉浮，贪生怕死，因果上迷惑不明。惟愿居士做大医王，施给我法药。”

我说：“善哉！善哉！你能不远千里，为姓陈的青年人请求如来无上秘密、甚深法要，是很好的。你仔细听我说，回去告诉他们。善男子，宇宙太虚空间，妄想生出四种相：地、水、火、风。聚积气就是风，聚积有形就是地，聚积阳就是火，聚积阴就是水。四大构成天地人三才，散布出去，就是万物。一切有情众生，水火互相摩荡，形气互相搏结，以四小相具四大界。因有生必须有养，有养必须有财，财宝必然聚积，因有聚积而成贪欲，因贪欲而成争竞，因争竞而发嗔怒，因嗔怒而成狠心，因狠心而成愚昧，因愚昧而成痴迷。这贪嗔痴，诸佛认为是众生成就佛果费时极长的原因。人在百年劫中，或十岁、二十岁，或三十、四十岁，或五六十岁，或七八十岁，对于各自的寿数来说，只是小劫。在这劫中想超越不可数劫，就好像蚯蚓想升到烟云上去，绝没有这个道理。诸佛慈悲，怜悯众生，开示因布施而得到彼岸的大方便法门，劝你们舍财。你们能舍财，就能舍爱；爱能舍，即能舍身；你们能舍身，即能舍意；意能舍，即能舍法；你们能舍法，即能舍心；能舍心，即能契合于道。

“过去迦叶尊者化缘，有个贫穷的老妇人以破瓦器中的汤汁施舍给他。迦叶尊者喝完后纵身在虚空中，现十八变。老妇人瞻仰，心里生大欢喜。迦叶尊者对她说：‘你的施舍，将得到无数的福报。或者人或者天，或者轮王、帝释天、阿罗汉及佛菩提，只要你愿意，没有不获得的。’老妇人说：‘只求生于天上。’迦叶尊者说：‘你所想的能够如愿。’七天之后命终，生忉利天享受无上快乐。又罽宾国王在法会听佛讲法，走上前说：‘大圣人出世，是千万世也难碰到的，我现在想发心造寺院，愿佛允许。’佛说：‘随你的意思去造。’罽宾王手持一枝竹插在佛前说：‘寺院建立完毕。’佛说：‘如是如是。’以这个寺院含容法界；以这个寺院为供养，福报比恒河之沙还多。

“明鉴，请把这两个故事回去说给那个施主：希望你明白地抉择，你父亲建造的堂室廊庑，比一瓦罐汤汁得到的福报多得多，生到天上享受安乐是肯定无疑的。就像罽宾国王插一枝竹能含容无量数的法界。你要想得到这样的福报，请听我一偈：

一根竹竿建寺院，风卷蛛螟入海南。
利根顿悟是第二，钝根虚度问三生。”

于是明鉴高兴地记下来，回去告诉那位姓陈的人。并把这番话记下来，刻石以为记。

48 宋文帝集朝宰论佛教

原典

宋文帝[①]集朝宰论佛教

文帝即宋高祖第三子也，聪睿英博，雅称令达。在位三十年。尝以暇日从容而顾问侍中何尚之、吏部羊玄保曰：“朕少来读经不多，比日弥复无暇。三世因果未辨措怀，而复不敢立异者，正以卿辈时秀率所敬信也。范泰[②]、谢灵运[③]常言：‘六经典文，本在济俗为政；必求性灵真奥，岂得不以佛理为指南耶？’近见颜延之折《达性论》[④]、宗炳难《白黑论》[⑤]，明佛法深，尤为名理[⑥]，并足开奖人意。若使率土之滨皆敦此化，则朕坐致太平矣，夫复何事！”

尚之对曰：“悠悠之徒，多不信法。以臣庸弊更荷褒拂，非所敢当之。至如前代群英，则不负明诏矣。中朝已远，难复尽知。渡江以来，则王导、周颢、庾亮、王蒙、谢尚、郗超、王坦、王恭、王谧、郭文举、谢敷、戴逵、许询及亡高祖兄弟及王元琳昆季、范汪、孙绰、张玄、殷颢等。或宰辅之冠盖，或人伦之羽仪；或置情天人之际，或抗迹烟霞之表，并禀志归依，措心归信。……慧远法师尝云：'释氏之化，无所不可适。道固自教源，济俗亦为要务。'窃寻此说，有契理要。若使家家奉戒，则罪息刑清。陛下所谓坐致太平，诚如圣旨。"

羊玄保进曰："此谈盖天人之际，岂臣所宜预？窃谓秦楚论强兵之事，孙吴尽吞并之术，将无取于此也。"帝曰："此非战国之具，良如卿言。"尚之对曰："夫礼隐逸则战士怠，贵仁德则兵气衰。若以孙吴为志，苟在吞噬，亦无取尧舜之道，岂惟释教而已哉！"帝曰："释门有卿，亦犹孔门之有季路[7]，所谓恶言不入于耳也。"

自是文帝致意佛经，及见严、观[8]诸僧，辄论道义。屡延殿会，躬御地筵，同僧列饭。时有沙门竺道生[9]者，秀出群品，英义独拔。帝重之，尝述生顿悟义，僧等皆设巨难。帝曰："若使逝者可兴，岂为诸卿所屈？"时颜延之著《离识论》，帝命严法师辨其同异。往返终日，笑曰："卿等今日，无愧支许之谈[10]也。"

注释

①**宋文帝：**南朝宋皇帝，名刘义隆，宋武帝刘裕第三子。本段文节自梁慧皎《高僧传》卷七。

②**范泰：**南朝宋大臣、学者，范晔之父。晋时为太学博士，刘宋建立，受任为国子祭酒、左光禄大夫等。历仕晋、宋两朝，好文章，晚年事佛甚笃。

③**谢灵运：**南朝宋诗人。谢玄之孙，袭封康乐公。刘裕代晋，降爵为侯，为权臣所忌，出任永嘉太守。居官不理民事，好游山玩水。后被人告发谋反处死。今存《谢康乐集》，系明人辑本。

④**《达性论》：**南朝宋衡阳太守何承天著，言人死神灭之论。信仰佛教的永嘉太守颜延之著《释何衡阳达性论》，驳斥何承天之说。

⑤**《白黑论》：**刘宋时沙门慧琳著，论儒释之同异优劣并神灭、神不灭之事。慧远弟子宗炳著《难白黑论》《明佛论》问难。

⑥**名理：**指辨名析理。

⑦**季路：**即孔子之徒子路，好斗，维护师门甚严。

⑧**严、观：**指南朝刘宋时高僧慧严和慧观。慧严俗姓范，十二岁为诸生，博览群书，十六岁出家，深究佛理。曾从鸠摩罗什受学。罗什逝世后，至南京东安寺。

甚得宋高祖刘裕及文帝敬重。曾撰《无生灭论》，又与谢灵运、慧观等合译南本《涅槃经》。

慧观俗姓崔，少年出家，受学鸠摩罗什。思维细密，时人谓“通情则生（道生）、融（道融）上首，精难则观（慧观）、肇(僧肇)第一”。后随佛驮跋陀往荆州高悝寺，晚年居扬都道场寺。曾参与南本《涅槃经》之译。反对道生的顿悟义，提倡渐悟。二人皆见《高僧传》卷七。

⑨**竺道生：**又称道生，东晋时《涅槃经》学者。巨鹿(今河北平乡)人，寓居彭城。师事竺法汰，故改姓竺。二十岁受具足戒，又师事慧远，博研经论。至长安受教鸠摩罗什，为罗什门下四杰之一。倡“一阐提人皆可成佛”及“顿悟成佛”说，受涅槃学者排斥，栖隐庐山。至昙无谶所译之《大般涅槃经》流传至建业，众人才叹服道生卓识。其论于后世影响颇大。

⑩**支许之谈：**支即东晋名僧支遁（又称支道林），许即东晋名士许询，亦好佛。据《高僧传》，支遁晚出山阴，讲《维摩经》，支遁为法师，许询为都讲。支遁每讲一个道理，众人皆以为许询无法辩难。许询设一问难，众人皆以为支遁亦无法会通。

译文

文帝是宋高祖第三个儿子，聪明睿智，知识广博，众论皆以为明达。在位三十年。曾经在暇日从容地问侍中何尚之、吏部尚书羊玄保：“我自幼读佛经不多，近年更是没有闲暇，三世因果没有辨明过，老想着把它弄清楚。但是不敢自标一帜，正是因为你们这些豪杰之士都敬信它。范泰、谢灵运常说：‘儒家六经，其功用本来在世俗应用，处理政务；要求得性灵的真正奥秘，哪能不以佛教的理论为指南呢？’近来看到颜延之驳斥《达性论》，宗炳难《白黑论》，显明佛法的义理深奥，特别在概念和逻辑上都很细密，足以开启、感发人的志意。如果能够全国各地皆受教化，那么我坐着不动就可以得到太平了，何必做别的事！”

何尚之对答说：“天下之人，多不信奉佛教。以我的庸劣鄙陋，尚且得到您的褒扬，我真是不敢当。至于前代的众多英杰，则不会辜负您的诏令。西晋中期距今相隔已远，已经难以尽知。渡江以来，则有王导、周顗、庾亮、王蒙、谢尚、郗超、王坦、王恭、王谧、郭文举、谢敷、戴逵、许询及已亡故的高祖兄弟和王元琳兄弟、范汪、孙绰、张玄、殷顗等人。这些人或者是宰辅中的佼佼者，或者是人伦道德方面的楷模；或专注于天人之际，或隐逸于山林烟霞，都诚心地皈依信奉佛教。……慧远法师曾经说：‘佛教的教化，无论哪里都是可行的。达到佛说的大道，固然是佛教的本源，但是济拔世俗也是重要的事情。’推究这个说法，是合乎道理的。如果能使家家持守佛教戒律，那就可以止息犯罪，不用刑法。陛下所说的坐致太平，是可以实现的。”

羊玄保上前说：“这是谈论天人之际，岂是我可以参与的？我认为秦楚讨论富国强兵的事，孙子吴起精研吞并之术，大概不会从这些话中吸取什么东西。”文帝说：“你这话不错，佛教不是战胜敌国的工具。”何尚之接着说：“礼敬隐逸之人则战士懈怠，崇尚仁德则兵气衰颓。如果以富国强兵为志向，目的在吞并敌国，那么尧舜仁义之道也没有用处，岂只是佛教而已！”文帝说：“佛门中有你就像孔门中有子路一样，所谓不好的言论不容其入耳。”

从此以后，文帝留心佛经，见到慧严、慧观等僧人，常讨论佛理。屡次请僧人到殿中讲法，坐在僧人中间同他们一起吃饭。当时有个沙门叫竺道生，在众人中很特出，聪明独拔。文帝很看重他，曾经述说道生的顿悟论，僧俗之人都严厉问难。文帝说：“如果死了的人可以复活，哪能被你们辩败呢？”当时颜延之著《离识论》，文帝命令慧严法师辩论它与释门的同异。往来辩论一整天，文帝笑着说：“你们今天无愧于支道林和许询的辩论了。”

49　颜侍郎答云行人书

原典

近辱书诲，且以禅教[①]之说见教，读之深有开慰。而向来亦尝有所开示，适以多事，不能与师周旋。今复有言，自非见爱之深，孰能以此相警？顾我愚昧，何足知之。然师所言者，余窃疑焉。于如来方便之道，似执一偏，犹有人我之见，以我为是，以人为非。于佛法中，是为大病。人我不除，妄谈优劣，只为戏论[②]。争之不已，遂成谤法[③]。未获妙果，先招恶报，不可不慎。但能于念佛一方便门精进修行，行满功圆，自然超脱。不必执我者为是，以余为非也。修行净土，佛及菩萨皆所称叹。在家出家，往生非一。况今末法之中，修此门者，可谓捷径。然于是中间，亦须洗去根尘，摧折我慢[④]。于其他种种法门，虽非正修行路，随力随分，亦加钦信，岂可妄论优劣，自为高下。

达磨西来不立文字，直传心印，一花五叶[⑤]。自曹溪[⑥]来，悟此法者如稻麻竹苇。在李唐时，世主尊崇，如事师长，以至于今，师授不绝。特未可以优劣议也。若必欲引教家义目，定其造证，谓如是修者方入某地，如是行者方登某位，真所谓描画虚空，徒自劳耳。故经云："如人数他宝，自无半钱分。于法不修行，多闻亦如是。"

愿师屏去知见，勿论其他，专心自修于净业也。某每与师谈，见师多斥不立文字之说。使此说非善，则达磨必不西来，二祖必不肯断臂求之也。今禅家文字遍满天下，此乃末流自然至此，何足怪耶！娑婆世界[⑦]，众生知见，种种差别，非可以一法而得出离。故佛以方便设种种法门，使其东西南北纵横小大，皆可修行，皆可证入。华严会[⑧]上，文殊师利盖尝问于觉首[⑨]言："心性是一，云何见有种种差别？"问于德首言："如来所悟，惟是一法，云何乃说无量诸法？"问于智首言："于佛法中，智为上首，如来何故或赞布施，或赞持戒，或赞堪忍，以至或复赞叹慈悲喜舍[⑩]，终无有以一法而得出离者？"

咸有颂答，是师之朝夕所诵者也，斯理必深明之。夫受病既殊，处方亦异。今以手足之疾服某药而愈，他人病在腹心，而责其不进手足之药，乃以治腹心之剂为非，可乎？楞严会中，二十五行独推观音，岂可便优观音而劣诸菩萨？神仙外道，于我法中皆为邪见。然华严知识[11]，或在外道，或为人王，或为淫女，引导众生。若以正修行者为是，则善财所参胜热、婆须蜜女、无厌足王[12]等，皆可指为非也。

千经万论，止为众生除病。病去药除，何须无病而自炙！此心垢重，故修净因；净垢若亡，复何修证？三界无住，何处求心？四大本空，佛依何住？衣中之宝，只为衣缠；衣若坏亡，珠当自现。聊叙鄙见，以复来诲。或别有可教者，更垂一言，幸甚。慎勿支离蔓衍，以成戏论也。迩来四大轻安否？所苦不下食，今复差[13]退否？某随缘过日，只求无事耳。未间，千万珍重。

注释

①**禅教：**禅与教之并称，即禅宗与教宗。指主张不立文字的禅宗和以学解为主的教宗。或三藏所诠释的法门为教，教外别传之宗旨为禅。

②**戏论：**指违背真理，不能增进善法而无意义的言论。

③**谤法：**即诽谤正法之略称。指破坏佛说之正法，主要指诽谤大乘经典非为佛所说，不信大乘经典且加以

诽谤者。

④**我慢**：指视我为中心，由于执着此而生起骄慢之心。

⑤**一花五叶**：指禅宗一宗衍为五派。禅宗自六祖惠能以后，衍成曹洞、临济、云门、沩仰、法眼五派，故称为一花五叶。菩提达磨言："吾本来兹土，传法救迷情。一花开五叶，结果自然成。"

⑥**曹溪**：河名，位于韶州（今广东韶关）。有宝林寺，六祖惠能归此寺，大弘佛法，人称曹溪法门。故以曹溪代表惠能。

⑦**娑婆世界**：娑婆，梵文音译，意译为忍、能忍等。娑婆世界即释迦牟尼进行教化的现实世界。此界众生安于十恶，忍受诸烦恼，不肯出离，故名为忍。

⑧**华严会**：讲赞《华严经》的法会。下楞严会，指讲赞《楞严经》的法会。

⑨**觉首**：菩萨名，下之德首、智首同。

⑩**喜舍**：四无量心（慈、悲、喜、舍）中的第三、第四无量心，指喜欢施舍财物供养三宝。

⑪**华严知识**：知识即善知识。华严知识指《华严经·入法界品》中所说的五十三位善知识。

⑫**胜热、婆须蜜女、无厌足王**：指善财童子所参五十三位善知识中的第九位胜热婆罗门、第二十五位婆

须蜜多女和第十七位无厌足王。

⑬**差**：同“瘥”，病痊愈之意。

译文

近日蒙您来信训诲，并且以禅教之说见教，读后深有开悟。过去您也曾有所开示，恰逢事务繁多不能和您讨论。现又寄信来，要不是爱我之深，哪能以这些话警诫我呢？只是我愚昧，恐不足以了悟您的这番良言。但是对您说的，我有一些疑问。对于如来的方便之道来说，您似乎是执着于一偏，还有别人与我的分别，以我为是，以别人为非。这对于佛法来说是大病。别人与我的分别不去除，妄谈谁优谁劣，这只是戏论！不停地争论下去，于是成了诽谤佛法。还没有获得善果，就会先遭恶报，不可不慎重。但能于念佛这个方便法门精进修行，道行无污，功德圆满，自然超脱。不必执着我是对的，其他是不对的。修行净土法门，佛及菩萨都会赞叹称赏。或在家或出家，往生净土之途并非只有一条。何况现在是佛法衰颓的末法时期，修这个法门可以说是捷径。但在这中间也应洗净六根六尘，去除自骄自慢。对于其他种种法门，虽然不把它作为修行的主要法门，但随各人的力量，各人的分限，也应加以钦敬信赖，怎能妄论优劣，自己区分高下。

达磨西来，不立文字，直传心印，一花五叶。自曹溪惠能以来，悟此法者如稻麻竹苇一样多。在五代南唐时，世主尊崇佛教，如侍奉师长，直到今天，师徒传授没有断绝。这是不能以优劣来议论的。要是一定要引教门的某些名义项目来衡量一个人的修行方向，说这样的修行者才能到达某地，这样的行果才能登上某位，这真是描画虚空，白白地劳费自己的精神。所以佛经说："如数说别人的宝贝，自己没有半分钱。不按照佛法去修行，只是多听多闻，也就是这个样子吧！"

愿您摒弃知识见闻，不要谈论其他，专心自修净业。我每与您谈论，看到您多次斥责不立文字的说法。假使这种说法不好，那么达磨一定不会从西方来，二祖慧可必不会截断一臂求达磨此法。现在禅家文字遍满天下，这是禅宗末流自然这样，何足怪呢！娑婆世界，众生的知见有种种差别，并非可以由一种法门而得出离。故佛以方便设种种法门，使人东西南北纵横大小皆可以修行，皆可以证入涅槃。华严会上，文殊师利问觉首菩萨："心和性是一，为什么人有种种不同的见解？"问德首菩萨："如来悟到的，只是一法，为什么要说无量数的法？"问智首菩萨："在佛法中智慧是最高的，如来为什么或者赞扬布施，或者赞扬持戒，或者赞扬能忍辱，以至赞扬慈悲喜舍，最后并没有以一种法门而得出离？”

对以上各项都有颂答，这也是您朝夕所诵的，这个道理您一定深切明白的。病不一样，开的药方也不一样。现在有个手足有病的人服一种药痊愈了，别的人病在腹心而责备他不服治手足的药，说治腹心的药不对，这可以吗？楞严会中，二十五种圆通法门中最好的是观音，怎么说观音好而诸菩萨不好呢？神仙外道，在我们的法门中都被视为邪见。但《华严经》所说五十三位善知识中，或者在外道，或者是国王，或者是淫女，引导众生。如果认为正修行才是好的，则善财童子所参胜热婆罗门、婆须蜜多女、无厌足王等都可指为不好了。

千经万论，只为众生除病。病好了，药就可以不用了，何必没病了还要服药呢？心里尘垢重，故修净因；净和垢如果都没有了，还修什么呢？三界中心无住处，到哪里去找心呢？四大本来是空，佛住在哪里呢？衣服中的宝珠只是被衣包裹住了，衣若坏掉了，宝珠自会显露出来。聊以述说我的见解，用来回复您来信中的教诲。如果还有其他教诲，再来信说，非常荣幸。切不要支离蔓衍以成戏论。近来身体安适吗？吃不下饭的病，现在好了吗？我随顺因缘过日子，只求没有事。千万珍重。

50　黄檗禅师示众

原典

黄檗禅师[①]示众

预前若打不彻，腊月三十夜到来，管取尔热乱。有般外道[②]，才见人说做工夫，他便冷笑："犹有这个在。"我且问尔，忽然临命终时，尔将何抵敌生死？尔且思量看，却有个道理：那得天生弥勒、自然释迦？有一般闲神野鬼，才见人有些少病，便与他人说："尔只放下着。"及至到他有病，又却理会不下，手忙脚乱。争奈尔肉如利刀碎割，做主宰不得。

万般事须是闲时办得下，忙时得用，多少省力！休待临渴掘井，做手脚不办，这场狼藉[③]如何回避。前路黑暗，信采胡钻乱撞，苦哉！苦哉！平日只学口头三昧[④]，说禅说道，呵佛骂祖[5]，到这里都用不着。平日只管瞒人，争知道今日自瞒了也。阿鼻地狱中决定放尔不得。而今末法将沉，全仗有力量兄弟家负荷，续佛慧命[6]，莫令断绝。今时才有一个半个行脚[7]，只去观山观景，不知光阴能有几何！一息不回，便是来生，未知什么头面[8]。

鸣呼！劝尔兄弟家，趁色力[9]康健时，讨取个分晓处，不被人瞒底一段大事。这些关捩子甚是容易，自是尔不肯去下死志做工夫，只管道难了又难。好教尔知：那得树上自生底木杓？尔也须自去做个转变始得。若是个丈夫汉，看个公案“僧问赵州：‘狗子还有佛性也无？’州云：‘无’”，但去二六时中看个“无”字，昼参夜参，行住坐卧、着衣吃饭处，屙屎放尿处，心心相顾，猛着精彩，守个“无”字。日久月深，打成一片，忽然心花顿发，悟佛祖之机，便不被天下老和尚舌头瞒，便会开大口：“达磨西来，无风起浪；世尊拈花，一场败阙。”[10]到这里说什么阎罗老子，千圣尚不奈尔何！不信道：“直有这般奇特？”为甚如此？事怕有心人。颂曰：

尘劳迥脱事非常，谨把绳头[11]做一场。
不是一番寒彻骨，怎得梅花扑鼻香。

注释

①**黄檗禅师：**名希运，唐代禅僧。幼出家于高安(今江西高安县）黄檗山，聪慧利达，学通内外。谒百丈怀海，得百丈所传心印。后于黄檗山倡直指单传心要，四方云集。世称黄檗禅师。门下有临济义玄等著名人物。谥曰断际禅师。有《黄檗山断际禅师传心法要》一卷行世。

②**外道：**原指佛教外的一切宗教，这里指佛教内部的异端。

③**狼藉：**犹言狼狈、窘迫之意。

④**口头三昧：**又叫口头禅，指不明禅理，仅袭取禅家常用语以资谈助者。意指但袭取文字语言，说禅说道，而不真实下功夫修行者。

⑤**呵佛骂祖：**禅林用语。斥骂佛祖之谓，如骂佛为“干屎橛”，文殊菩萨为“担屎汉”，达磨为“老臊胡”之类。又作杀佛戮祖。禅宗为否定对权威偶像之执着，为学人解缚破执，使其体认自在境界，故有呵佛骂祖之语。“呵”也作“诃”。

⑥**慧命：**按佛教的说法，色身（肉体生命）必须依赖饮食长养，而法身（精神生命）必须靠智慧来长养。若智慧亡命夭伤，则法身之命亡失。法身以智慧为生命，故曰慧命。

⑦**行脚**：游方僧人。

⑧**头面**：面目。此句谓来生以什么面目出现。

⑨**色力**：这里指容貌与体力。

⑩**达磨西来……败阙**：达磨西来，倡直指人心，教外别传之旨，若果能自悟此旨，达磨西来，为多余之事。世尊拈花，迦叶微笑，也暗含教外别传之旨，若悟此旨，拈花微笑，实为不必要。

⑪**谨把绳头**：谨慎地抓住绳子，指按规矩实地修行，不敢大胆放手之意。

译文

预先若悟不透彻，腊月三十夜到来，保管你会忙乱。有一种外道，才见人说做功夫，他就冷笑："仍然有做功夫的心在。"我且问你，忽然到命终时，你用什么来抵敌生死？你且仔细想一想，这里却是有个道理：哪里有天生的弥勒、自然就有的释迦牟尼？有一种闲神野鬼，才见人有一点小病，就对别人说："你只放下就是了。"等到他自己有了病，却又不知如何是好，手忙脚乱。怎奈他此时身上的肉就像利刀零碎宰割，却不能为自己做主宰。

万般事情必须是闲时功夫做到，忙时才用得着，这样多省力！不要等到渴了才去掘井，才去做功夫，已是不济事了。这场受窘难堪如何回避得了。前路迷茫不明，信手采取，胡钻乱撞，苦哉！苦哉！平日里只是学些口头三昧，说禅说道，呵佛骂祖，到这时都用不上。平日里只管欺瞒人，怎知道今天骗了自己。阿鼻地狱中，肯定不会放过你。而今末法的时代将要到来，全仗着有力量的兄弟们担当法统，接续佛的慧命，不要让它断绝了。现今行脚游方僧本来不多，又只去游山观景，不知光阴能有多少！一口气上不来，就是来生了，不知下辈子转成什么。

哎呀！劝你们兄弟们，趁着精神、身体都还健康的时候，把明白真心的事办好，做一桩不被人哄骗的生死大事。这些关键的地方，很容易做，只是你们不肯下死决心去做功夫，只管说难上加难。我要让你们知道：哪里有树上自己生的木杓？必须你自己去使木头变成木杓才行。如果是个男子汉，看公案“僧问赵州：‘狗有佛性吗？’赵州答：‘无’”，只是一日十二时中看个“无”字，白天参，晚上参，行住坐卧、穿衣吃饭、屙屎送尿时，心里老惦着，下大力气守这个“无”字。天长日久，打成一片，忽然心中开悟，悟得佛祖机关，便不会被天下老和尚的舌头欺瞒，便会开大口：“达磨西来，无风起浪；世尊拈花，一场败阙。”到这时候说什么阎罗老子，千圣也不能把你怎么样。你肯定不信："真有这样奇特吗？"为什么这样？事怕有心人。颂曰：

出离尘劳并不是一件平常事，谨慎地照着规矩去做功夫。

如果没有一番彻骨之寒，梅花哪能有扑鼻的香味。

51 开善密庵谦禅师答陈知丞书

原典

某启：欣审官舍多暇，焚香静默，坐进此道，何乐如之！参禅如应举。应举之志在乎登第，若不登第，而欲功名富贵光华一世者，不可得也。参禅之志在乎悟道，若不悟道，而欲福德智慧超越三界者，不可得也。

窃尝思悟道之为易，登第之为难。何故？学术在我，与夺在彼。以我之所见合彼之所见，不亦难乎？是以登第之难也。参究在我，证入在我，以我之无见合彼之无见，不亦易乎？是以悟道之为易也。然参禅者众，悟道者寡，何也？有我故也。有我则不能证入，亦易中之难也。读书者众，及第者亦众，何也？见合故也。见合则推而应选，是难中之易也。

故见合为易，无我为难；无我为易，无无为难；无无为易，亦无无无为难；亦无无无为易，亦无无无亦无为难；亦无无无亦无为易，和座子撞翻[①]为难。故庞居士[②]云，“炼尽三山铁，镕销五岳铜”，岂欺人哉！因笔及此，庶火炉边团圞头[③]说无生话[④]时聊发一笑。

注释

①**和座子撞翻：**比喻多年薰习的恶业连根拔除，也即全体彻悟。

②**庞居士：**唐代著名在家禅者，世称庞居士、庞翁。衡阳（今属湖南）人，世代业儒。羡慕佛法，贞元初年，参谒石头希迁，颇有领悟，后与多位禅林大德游处，机锋迅捷。遗有《庞居士语录》三卷，颇为历代禅林重视。

③**团圞头：**团圞是聚在一起的意思。团圞头即脑袋攒聚在一起。

④**无生话：**无生，指诸法实相无生无灭。因无生为佛教最基本的道理，所以关于佛教的故事、话题称为无生话。

译文

敬启者：欣闻官舍闲暇甚多，闲时焚香静默，修行佛法，这是多么高兴的事！参禅和应科举考试一样。应举的目的在于登第，如果不登第，想要功名富贵光耀一世，是不可能的。参禅的目的在于悟道，如果不悟道，想要得到福德智慧超出三界，也是不可能的。

我曾想，悟道容易，登第难。为什么？学术在我，能不能中举却不由我决定。以我的见解符合别人的见解，这不是难吗？所以登第难。参究在我，证入在我，以我的无见合别人的无见，这不是容易吗？所以悟道容易。但是参禅者多，悟道者少，这是为什么？这是因为有“我”。有我就不能证入，这是容易中的难。读书的多，及第的也多，这是为什么？这是因为见解契合的缘故。见解契合的就推出来应选，这是困难中的容易。

所以见解契合容易，无我困难；相比较来说，无我还是容易的，连无也没有是难的；没有无容易，同时并非没有无是难的；并非没有无是容易的，并非没有无同时无为难；并非没有无同时无容易，连基座一起撞翻为难。所以庞居士说“炼尽三山铁，镕销五岳铜”，难道是骗人的么！所以写到这里，差不多可以使聚在火炉边，头攒在一起说无生话的人聊发一笑。

52 汉显宗开佛化法本内传

原典

汉显宗开佛化法本内传[1]

传云：明帝永平十三年，上梦神人，金身丈六，项有日光。寤已[2]问诸臣下，傅毅[3]对诏："有佛出于天竺。"乃遣使往求，备获经像及僧二人[4]。帝乃为立佛寺，画壁千乘万骑，绕塔三匝。又于南宫清凉台及高阳门上、显节陵所图佛立像，并《四十二章经》[5]，缄于兰台石室，广如前集《牟子》[6]所显传云：时有沙门迦摄摩腾、竺法兰[7]，位行[8]难测，志存开化。蔡愔使达，请腾东行。不守区域，随至洛阳。晓谕物情，崇明信本。

帝问腾曰："法王出世，何以化不及此？"答曰："迦毗罗卫国[9]者，三千大千世界、一百亿日月之中心也。三世诸佛皆在彼生。乃至天龙鬼神有愿行者，皆生于彼，受佛正化，咸得悟道。余处众生无缘感佛，佛不往也。佛虽不往，光明及处。或五百年，或一千年，或二千年外，皆有圣人传佛声教而化导之，广说教义。”文广故略也。传示。

永平十四年正月一日，五岳诸山道士朝正[10]之次，自相命曰：“天子弃我道法，远求胡教。今因朝集，可以表抗之。”其表略曰：五岳十八山观太上三洞[11]弟子褚善信等六百九十人死罪上言：“臣闻太上[12]无形无名，无极无上，虚无自然。大道出于造化之前，上古同遵，百王不易。今陛下道迈羲皇，德高尧舜。窃承陛下弃本追末，求教西域，所事乃是胡神，所说不参华夏。愿陛下恕臣等罪，听与试验。臣等诸山道士，多有彻视远听，博通经典，从元皇已来，太上群录、太虚符祝，无不综练，达其涯极。或策使鬼神，吞霞饮气，或入火不烧，或履水不溺，或白日升天，或隐形不测。至于方术，无所不能。愿得与其比较，一则圣上意安，二则得辩真伪，三则大道有归，四则不乱华俗。臣等若比对不如，任听重决；如则有胜，乞除虚妄。”

敕遣尚书令宋庠引入长乐宫，以今月十五日可[13]集白马寺。道士等便置三坛，坛别开二十四门。南岳道士褚善信、华岳道士刘正念、恒岳道士桓文度、岱岳道士焦得心、嵩岳道士吕惠通、霍山天目五台白鹿等十八山道士祁文信等，各赍《灵宝真文》《太上玉诀》《三山符箓》[14]等五百九卷，置于西坛；茅成子、许成子、黄子[15]、老子等二十七家子书二百三十五卷，置于中坛；馔食奠祀百神置于东坛。

帝御行殿[16]在寺南门，佛舍利[17]、经像置于道西。十五日斋讫，道士等以柴荻和檀沉香为炬，绕经泣曰：臣等上启太极大道、元始天尊[18]、众仙百灵，今胡神乱夏，人主信邪，正教失踪，玄风[19]坠绪。臣等敢置经坛上，以火取验，欲使开示蒙心，得辨真伪。便纵火焚经。经从火化，悉成煨烬。道士等相顾失色，大生怖惧。将欲升天隐形者，无力可能；禁效鬼神者，呼策不应。各怀惭恧[20]。南岳道士费叔才自感而死。太傅张衍语褚信曰："卿等所试无验，即是虚妄。宜就西来真法。"褚信曰："茅成子云：'太上者，灵宝天尊是也。造化之作，谓之太素。'斯岂妄乎？"衍曰："太素有贵德之名，无言教之称。今子说有言教，即为妄也。"信默然。

时佛舍利光明五色，直上空中，旋环如盖，遍覆大众，映蔽日光。摩腾法师踊身高飞，坐卧空中，广现神变。于时天雨宝华在佛僧上，又闻天乐，感动人情。大众咸悦，叹未曾有。皆绕法兰，听说法要。并吐梵音，叹佛功德。并令大众，称扬三宝，论善恶业，皆有果报；

六道三乘，诸相不一。又说出家功德，其福最高；初立佛寺，同梵福量。司空阳城侯刘峻与诸官人士庶等千余人出家。四岳诸山道士吕惠通等六百三十人出家。阴夫人王婕妤等与诸宫人妇女二百三十人出家。便立十所寺，七所城外安僧，三所城内安尼。

自斯已后，广矣。传有五卷，略不备载。有人疑此传近出，本无角力之事。案：《吴书》明“费叔才感死”，故传为实录矣。

注释

①**汉显宗开佛化法本内传：** 简称《汉法本内传》或《法本内传》，共五卷，撰著年代和撰著者皆不详。本书记述后汉明帝永平年间佛教传入并与道教抗衡之事，计有《明帝得梦求法品》《请法师立寺功德品》《与诸道士比较度脱品》《明帝大臣等称扬品》《广通流布品》等五品。本书之完本后世未传，其文散见于《广弘明集》《集古今佛道论衡》《法苑珠林》等。唐道宣等认为本书是汉魏时代的作品，但从本书内容判断，乃南朝梁以后的作品。

②**寤已：** 梦醒之后。

③**傅毅：** 汉明帝时任太史，博学多闻，时号通人。

④**僧二人：**明帝遣使往西域求法，途中遇梵僧迦摄摩腾（又称摄摩腾、迦叶摩腾）、竺法兰二人，归至洛阳。

⑤**《四十二章经》：**全一卷。后汉迦摄摩腾和竺法兰译，是我国最早翻译的佛教经典。全经共四十二章，故称《四十二章经》。

⑥**《牟子》：**姓牟名融，东汉末苍梧郡人。所作《理惑论》（又名《牟子》）旨在融合儒、释、道三教思想，认为佛教并不违背儒家和老庄思想，对后世颇有影响，是研究佛教传入我国初期思想界反应的重要资料。又牟子是否牟融、《理惑论》撰作年代，迄今尚有疑问。学者争论甚多，但无定论。

⑦**迦摄摩腾、竺法兰：**我国佛教最早传入者。摩腾为中印度人，博通大小乘经典。后汉永平十年，应明帝之请，与竺法兰携经卷、佛像至洛阳，住于明帝为他所建的白马寺。与竺法兰合译出《四十二章经》，为我国翻译佛经之始。《高僧传》有二人之传记。

⑧**位行：**修行所达到的阶位。

⑨**迦毗罗卫国：**意译妙德城、黄赤城等，即今尼泊尔塔拉伊，佛陀出生之地。

⑩**朝正：**原为周代诸侯正月朝见天子。这里是道士朝见皇帝。

⑪**三洞：**本是道教典籍的分类。道书分为洞真、洞玄、洞神三部。洞真部以《上清经》为主，洞玄部以《灵宝经》为主，洞神部以《三皇经》为主。

⑫**太上：**指道。

⑬**可：**大约的意思。

⑭**《灵宝真文》《太上玉诀》《三山符箓》：**皆道书之名。《灵宝真文》即《灵宝经》。《三山符箓》指茅山之《上清箓》、阁皂山之《灵宝箓》、龙虎山之《正一箓》。符箓是道教用来招神劾鬼、驱邪镇魔的一种方术。

⑮**茅成子、许成子、黄子：**皆战国末汉初道家、神仙家人物，事迹不详。其书亦不见《汉书·艺文志》各家所载。

⑯**行殿：**犹行宫，皇帝临时出行的住所。

⑰**佛舍利：**通常指佛陀的遗骨，又称佛骨。

⑱**元始天尊：**道教之神，“三清”之首，道教最尊的天神。其称始见于东晋葛洪《枕中书》。据传生于太元之先，故称元始。

⑲**玄风：**指道教。因道教始祖老子有“玄之又玄，众妙之门”的话，故称。

⑳**惭恧：**惭愧。

译文

本传说：东汉明帝永平十三年（公元七〇年），明帝梦见神人，金色身体，身长一丈六尺，脖子后面有光圈。醒来后将梦中事问臣下，傅毅回答说："这是佛在天竺出现了。"于是明帝派遣使者去天竺求佛，带回佛经佛像及二位僧人。明帝于是为他们造佛寺，佛寺墙壁画万千人乘马，壁画绕佛寺三圈。又在南宫清凉台及高阳门、显节陵上画佛立像，并将《四十二章经》封在兰台石室中，此事在前文《牟子理惑论》中也曾说到：当时有出家人迦摄摩腾、竺法兰，其修行果位难以测度，有志于传播佛教、化导众生。使者蔡愔到天竺，请迦摄摩腾东至中国。摩腾不愿守在本国，随蔡愔来到洛阳。摩腾通晓物情，尊崇本教。

明帝问摩腾："法王出世之后，为什么教化达不到我这里？"摩腾回答道："佛出生的迦毗罗卫国，是三千大千世界、一百亿日月的中心。三世诸佛都出生在那里。以至天龙鬼神，凡有愿心修行者，都生在那里，受佛正法的教化，都能够悟道。其他地方的众生没有机缘感动佛，佛不去。佛虽然不能亲身去，但佛的光明遍及一切处。或者五百年，或者一千年，或者二千年后，各地都有圣人传播佛的声音教诲而化导众生，广泛宣说佛的教义。"

他说得很多，其余的都略去不记。明帝将此语传示天下。

永平十四年（公元七一年）正月一日，五岳诸山道士朝见皇帝的时候，互相通知："皇帝抛弃了我们的道法，到遥远的地方去求胡人的宗教。现在趁朝见的机会，可以上表抗议。"他们上的表大略这样：五岳十八山道观太上三洞弟子褚善信等六百九十人冒死罪上言："我们听说，太上没有形状没有名字，没有边际，没有东西比它更高，出于虚无，自然而然。'道'存在于万物之前，上古时代的人共同遵守，各代帝王不能改易。现在陛下您的道超出伏羲黄帝，德望高于唐尧虞舜。我们认为您抛弃了本原，追求末事，向西域求教化，信奉的是胡地之神，所说的与华夏没有关系。愿您饶恕我们冒犯之罪，让我们与佛徒比试。我们这些各山的道士，许多人能透彻物体，听到远处的声音，博通经典，从始祖以来的太上群录、太虚符祝，无不精通，达到极点。或指使鬼神，吞霞饮气，或入火不烧伤，或入水不溺死，或光天化日下升上天空，或隐蔽身形，令人无法测度。至于方术，无所不能。愿和佛僧比试高低，一则可以使皇上心服，二则可以辨明真伪，三则大道可以有归宿，四则不让佛教徒扰乱华夏风俗。我们若是比不过，任您重罚；如果比胜了，请您除掉虚妄之教。"

明帝下诏命尚书令宋庠领道士住长乐宫，定于正月十五日会集于白马寺。道士们设置了三个法坛，每坛开二十四门。南岳道士褚善信、华山道士刘正念、恒山道士桓文度、泰山道士焦得心、嵩山道士吕惠通、霍山天目山五台山白鹿山等十八山道士祁文信等，各带着《灵宝经》《太上玉诀》《三山符箓》等五百零九卷，放在西边坛上；茅成子、许成子、黄子、老子等二十七家子书二百三十五卷，放在中间坛上；馔食祭祀百神之位放在东边坛上。

明帝将行殿设在白马寺南门，佛舍利、经像放在道路西边。正月十五日吃完饭，道士用柴草、芦苇、沉香等做成火把，擎着绕经坛走，哭泣说：我们启奏太极大道、元始天尊、列位仙人神灵，现在胡人之神扰乱华夏，皇上信奉邪教，正教消失不见，道教统绪将要失坠。我们敢把经放在坛上，用火焚烧来验证，想要开示愚蒙之心，辨明真伪。于是点火烧经。经燃着火后，都烧成灰烬。道士面面相觑，大惊失色，生起大恐怖。想升天隐形者，力不能够；驱使鬼神者，呼叫不应。各各心怀惭愧。南岳道士费叔才自窘而死。太傅张衍对褚善信说："你们的试验没有获得验证，就是虚妄。应该相信西方来的真法。"褚善信说："茅成子说过：'最高的主宰，是灵宝天尊。造化的产生，是由太素。'这难道是假的吗？"张衍说："太素有尊重道德之名，但是没有说它主张言教。现在你引太素中的话，这本身就是错的。”褚善信说不出话来。

这时佛舍利放出五色光芒，直升入空中，旋转好似伞盖，将大众尽皆遮覆，映蔽了日光。摩腾法师纵身飞上高空，在空中或坐或卧，现出各种神通变化。这时天上落下宝花，落在佛僧身上。又听见天空中传来乐声，感动人情。大众都很高兴，感叹未曾有过。都围绕竺法兰，听他讲说佛法要义。并且用天竺语赞叹佛的功德。法兰令大众称扬佛、法、僧三宝，宣说善业恶业，都有果报；六道三乘，各种相位不同。又说出家的功德，得到的福祉最高；最早建立佛寺的，他的福德与梵天一样多。司空阳城侯刘峻和各级官吏、士夫庶人等一千多人出家。四岳及诸山道士吕惠通等六百三十人出家。阴夫人、王婕妤等和宫人妇女二百三十人出家。于是建立十所佛寺，七所建在城外安置和尚，三所建在城内安置尼师。

自此以后，佛教大兴。本传共有五卷，其余的略去不载。有人怀疑此传晚出，本来没有佛道斗法之事。案：《吴书》明明载有“费叔才感死”一句，所以本传是实录。

源流

佛教是外来宗教，任何传入中国并发生过较大影响的佛教经典，都有它的来源和流变。对其源流进行考察，弄清这部经典在中国各个时期的流衍，可以了解佛教在中国发展、与中国本土文化相融合的具体情况。《缁门警训》是一部警策训诫文章的汇集，不像其他佛经一样是讲述义理的，所以对它的源流的考察只能是形式的，即历史上警策类文字的演变情况。

诸经警语

佛教作为一种过严格的僧团生活的宗教，从它建立之始，即有相关的戒律，作为对僧人的约束。同时也就有相关的警策、训诫、箴规，对僧人进行劝诱、奖掖、针砭。佛经在阐说教义的同时，就有这类警训文字。最早传入汉地的《四十二章经》中说道：佛教修行者，譬如一人与万人战斗，披挂铠甲出门，或者意存怯弱，半途而退；或者格斗至终，得胜而还。沙门学道，其心应当精进勇锐，不畏前境，破灭众魔，得到道果。

《大般若经》也告诫东来传法的僧人：汝东行求般若，莫辞疲倦，莫念瞌睡，莫思饮食，莫想昼夜，莫怖寒热。于内外法，心莫散乱。行时不得左右顾视，勿观前后上下四维等。提出对修行者意志上、精神上、行为上的要求。《华严经》则提出，应当以智慧贯注一境，以方便断绝善巧回转。心智无住，这样则圣道可生。如果生起杂念，心中暂时懈怠，就会破坏圣道。《出曜经》也说：智者以心中智慧消解尘垢，犹如铁矿，百炼则成精钢；犹如大海，日夜涌动荡涤，则成宝藏汇聚之地。人亦如是，昼夜精进不已，便可获道果。《宝积正法经》说：欲求大乘，必须具勇猛心，虽舍身命，无所顾惜。修菩萨行，须勤加精进，无少懈怠。此类劝诫语，可以说无经无之。

这种劝诱鼓励，最初还是在各经中随文提到，还没有形成专书。随着佛教在汉地影响的扩大，戒律的逐渐完备，僧人的生活越来越规范，修行中出现的不守戒律的事例越来越多，这种警醒、策励的文字也越来越多，越来越集中。《弘明集》中就有较多的这方面文字。

《弘明集》和《广弘明集》

《弘明集》是南朝梁僧祐编集的自东汉至梁代关于佛教各类文章的汇集。它是佛教中国化的完成的一个显著标志：关于儒佛之争、佛道之争的资料开始注意搜集，僧俗两众对佛教各个方面的反映，开始有了专门的汇编。这部文献，成了我们现在研究佛教当时情况的重要参考资料。它里面也包括了训诫的文字。另外，它的编纂形式沿袭了中国当时盛行的文选体，这也为后来佛教中各类文章汇集所取法。

《弘明集》中郗超《奉法要》一文，实际上是一个士大夫对于佛教基本戒律的理解。如“三自归”，即自愿归命佛法僧三宝；对于三世十方佛，必须礼拜忏悔，至心归向；并慈念一切众生，令度脱苦厄。

又讲到斋戒：凡斋日，皆不吃鱼肉，洗心念道，悔过自责。远离房室，不着六欲；不得有鞭打骂詈等行为；不得乘驾牛马、带持兵器；妇人则去香花脂粉之饰，端心正意，务存柔顺。又说到六度：一曰施，二曰戒，三曰忍辱，四曰精进，五曰一心，六曰智慧。散施所积财富，润济众生，即施。谨守十善，防御邪僻，即戒。犯而不较，常处谦下，即忍辱。勤行所习，夙夜不懈，即精进。专心守意，心不旁骛，即一心。无境不照，即智慧。并说一切众生皆当因此至诚，各发愿心；心能感发，则终免罪苦，忠孝之士，务加勉励。这里既有对戒条的重申，又有对修行者的勉励。以后的警策文，多为此类内容。孙绰之《喻道论》，则用老庄思想解释佛教基本义理。“目遏玄黄，耳绝淫声，口忘甘苦，意放休戚，心去于累。胸中抱一，载平营魄，内思安般。”（《弘明集》卷三）从这里可以看出格义方法的影响。

到唐麟德年间沙门道宣编撰之《广弘明集》，警策之文占了更多的比重。《广弘明集》总分十门，其中僧行、诫功两门明显属于警策类。道宣在序言中，说到本书编撰大意在于“内教经纬，立法依以摄机；外俗贤明，垂文论以弘范”，就是说要树立正确的用功方向作为修行者的依持，使内外僧俗皆有法式可循。但又不是严格意义上的律条，如清规之类，而是示范、垂训、劝诫、策励等。《僧行篇》列昙谛、鸠摩罗什、法纲、昙隆等名僧大德的诔、行状等，述其德行，意为僧俗树立典范。《诫功篇》则专述对僧尼的劝诫。如诫僧尼争讼：“顷见僧尼，有事每越讼公府，且内外殊揆科例不同。……非唯秽黩时宰，便为顿乖理制。”（《广弘明集》卷二十七）

又如道宣所撰的《净行法门序》，分三十一门叙净行应遵循的规范，其中有律条，有警策，并引佛经与儒家经典互相印证，意在加强僧俗两众的信从。如佛经中“赞人之善，不言己类”，道宣引儒书中“君子扬人之美，不伐己善”；佛经中“恕己可为譬，勿杀勿行杖”，道宣引儒书中“己所不欲，勿施于人”，申言佛经儒书，教虽有内外之别，但其本相同。道宣并告诫僧人，佛教对于世俗的善事应尽力去做，这可以增加佛教徒的道业。忠孝谦敬、仁义礼智，不仅是世俗人的美德，也是出家人的美德。他说：“十方诸众生，所行微善业，仁孝及谦敬，慈爱柔和等，忠正修礼智，矜逮赈孤穷。如是世俗善，悉回向佛道。”《广弘明集》中虽有许多劝诱警训的文字，但仍是散见的。从各个方面阐发僧德僧行，最深刻的当推沩山灵祐的《沩山警策》。

《沩山警策》

这篇警策是劝诱文的代表作，禅宗一般将它和《四十二章经》《佛遗教经》合称“佛祖三经”，为初学必读之书，问世后有相当大的影响。后世有多家注本，著名的有宋·守遂注（二卷）和明·大香注（一卷），及明·道霈之《警策指南》和弘赞之《警策句释记》。守遂对它极表赞扬，认为它立法创制，纤毫不遗，是揭示成佛作祖之路的宝典。

沩山看到当时出家人多有修行懈怠、不遵戒律、不矜威仪等弊病，从人色身之患，谈及当时丛林流弊，指出修行者所应遵行的正道，最后殷切叮嘱。文中说，人皆禀受父母遗体，借众缘而生。地水火风四大扶持，得以生存。但无常迅速，生老病死，常有不期之来。朝存而夕亡，转眼就是异世。所以出家人必须立大誓愿，志脱生死，担荷大法，绍隆圣种，震慑魔军。用自己的修行道果来报答天地师友之恩，拔济一切有情。如果不能做到这样，只是滥厕僧伦，言行荒疏，白白地浪费施主的财物。应该立大誓愿，别人是丈夫男儿，我亦是丈夫男儿，不自轻自弃，不自退自屈。如果不能做到这样，也只徒在缁门，虚过一生，殊无益处。望早生决裂之志，树立特立独行的精神，得大造诣，得大果报。

这篇文章言辞恳切，殷殷叮嘱，理喻、勖勉二者兼用，佛教基本义理贯彻始终，可谓警策中一篇杰作。

至唐中后期，僧俗著作中含有警策、训勉、箴规性质的文字并不少，但还没有出现像后来《缁门警训》这样警策、训诫文字的总集。至宋代，才有专门辑录这类文字的总集出现，其中最著名的是《禅林宝训》。

《禅林宝训》

《禅林宝训》又称《禅门宝训》《禅门宝训集》，收禅宗南岳下十一世黄龙慧南至十六世大慧宗杲之黄龙、杨岐派禅师遗教凡三百条。本书原为大慧宗杲和竹庵士珪二人在江西云门寺隐居时所辑，南宋淳熙时净善加以重集，是为现在通行之《禅林宝训》。此书注本亦甚多，著名的有张文嘉校定的《禅林宝训合注》四卷，行盛的《禅林宝训拈颂》一卷，智祥的《禅林宝训笔说》三卷。净善在序言中说，本书“大概使学者削势利人我，趋道德仁义而已。其文理优游平易，无高诞荒邈诡异之迹，实可以助入道之远猷也”。

此书编集在理学大行其道之后，故宗杲原集与净善重集皆在训诫时，广引儒家之说。如本书卷一选明教契嵩语：“尊莫尊乎道，美莫美乎德。道德之所存，虽匹夫非穷也；道德之所不存，虽王天下非通也。”把儒家王霸义利之辩引入僧家日常规范。又选了契嵩的另一段话：“利诚乱之始也。且圣贤深诫去利，尊先仁义，而后世尚有恃利相欺，伤风败教者何限！况复公然张其征利之道而行之，欲天下风俗正而不浇不薄，其可得乎？”契嵩好读儒书，著《原教篇》十余万言，明儒释一贯之旨，这段文字，就是他读《孟子·梁惠王》章所发的慨叹。

《禅林宝训》所选禅师垂训语，皆极警切；针砭禅林时弊，一针见血。如大觉怀琏对住持长老的要求：做一方的住持，要想推行自己的主张并能利益一方，必须先克己，虚心下人，视金帛财物利养如粪土，然后四众才能尊敬你，归向你。此语针对养尊处优，不能表率僧众的长老而发。

晦堂真净则就僧人的节义、是非立言：末法时代的比丘，有节义者少。每见其高谈阔论，自谓人莫能及，等到受别人一饭之惠，则先前反对的，现在辅翼；先前诽谤的，现在称誉。欲求其是曰是，非曰非，中正而不隐者，少矣。

灵源禅师针砭执着文字之弊：文字之学不能洞彻人的心源，执着文字只会障学者智眼。此病在于依傍别人而生解，杜塞了自己得悟之门。一些僧人喜好文字之学，只因它可以供给人谈论的资料，但这只是在浅闻者面前卖弄，绝不能独生神解，所谓“廓神机终难极妙证”。执着文字的人行解往往参差，日用见闻也常隐昧不明。佛眼清远为五祖法演下“三佛”之一，禅风甚是峻利，其对禅门规矩，提掇甚重。他说，百丈清规的作用，在于标正检邪，轨物齐众，尤在制僧人逸情。人之情如水，规矩礼法如堤防。堤防不固，水必奔突；人之情不制则肆乱。所以去情息妄，禁恶止邪，不可一时无规矩。规矩是入道的助缘。近时禅林，有力役规矩者，有死守规矩者，有蔑视规矩者，都可以说背道失理，都不知前辈高僧救末法之弊的苦心，绝邪僻之路的本意，都不知规矩所以建立的道理。

宋代，佛教处于衰落的趋势，不似在南北朝那样得到极多王公大臣、学士名流的尊信，也不像唐代诸宗并起时的隆盛气象。各派除禅宗尚能维持外，都可说门庭暗淡。佛教的式微已不可挽回。僧人对百丈怀海所创之清规，多不能遵守。许多禅师哀叹到了末法时代。所以此时警训类的篇籍逐渐增多。《缁门警训》所选，大部分是宋代禅僧的作品。著名俗家信士如苏轼、黄庭坚、司马光的作品也选入甚多。这说明，规诫策励，发起信心，以重振佛教，已是佛教内一种强劲的趋势。

另外，宋代子升、如祐所编的《禅门诸祖师偈颂》四卷，也是较重要的警训文集。书中辑录《传法偈》《信心铭》《坐禅铭》《龟鉴》等类八十余篇，其中多篇为今本《缁门警训》所收，如《沩山大圆禅师警策》《慈受深禅师小参》《仰山饭》《明教嵩禅师尊僧篇》等。此书与《缁门警训》，无论体裁还是内容都相类似。

元代诸禅集

元代除永中增补的《缁门警训》外，与警策类相关的还有《禅宗决疑集》《禅林备用清规》《禅林类聚》等书。

《禅宗决疑集》是元代临济宗僧断云智彻以自身修道的体验说明用功心要的著作。全书分“源湛流清”“离尘精进”“退堕策励”“懈怠勉勤”等二十一门，对修行方法、禅门要领、佛教宗旨与世俗教化之关系等，均有较深切的说明。其中多门为策励、警诫语。智彻在《禅宗决疑集》序言中说，古来尊宿善知识警众法语甚多，所惧者在僧人信不及。自愧言轻德薄，恐不能补万一。但鉴于当时学人或溺于多闻，疏于修证，或对前辈尊宿警策语尚不能专心一意信从，行解荒疏，故须特加提掇，以决学者四顾徘徊之疑念。可见此书重在立志精进，断绝疑惑，树立信心，勤勉修业上。文中多引赵州从谂事迹，以资垂范。因此书发语警切，所以后来许多同类书多引述，如明代袾宏之《禅关策进》、清代济能之《角虎集》。并编入明《北藏·续入藏诸集》。

《禅林备用清规》共十卷，元代僧泽山壹咸编于武宗至大四年（公元一三一一年），收集禅林丛规、礼法、坐禅、楞严会等一百六十九项禅门规仪，其中亦有策励等语。

《禅林类聚》共二十卷，元代道泰、智境编，内容有帝王、宰臣、儒士、佛祖、法身、佛像、伽蓝、殿堂、庙塔等类别，其中亦有关于戒律、警训等类语句。

明代禅警语

明代警策类书籍最多，除嘉禾如卺续补之《缁门警训》外，尚有《禅关策进》《博山参禅警语》《禅门锻炼说》《缁门崇行录》《佛法金汤编》等。

《禅关策进》一卷，是明代四大高僧之一云栖袾宏编。全书分前后集。前集收录禅宗诸祖法语三十九段，诸祖苦功节略二十四段；后集收录诸经引证节略。袾宏并一一加以扼要评论。关于诸祖法语，收黄檗《示众》、永明延寿《垂诫》、黄龙死心《小参》、东山法演《送徒弟行脚》等，另有玄沙师备、鹅湖大义等的示众、普说。上述前四篇皆为《缁门警训》所选。关于入选的原则，袾宏说，诸祖法语，今不取向上玄谈，惟取做功夫吃紧处，又节其要略，以便时时省览，激励身心。诸祖苦功、诸经引证，皆按此例。可见，此书重在践履功夫，不在义解。配以策励警诫语，意在激励身心。

此书诸祖苦功节略，引前辈苦志励学故事如独坐静室、悬崖坐树、草食木栖、衣不解带、引锥自刺、被雨不觉、誓不展被、圆枕警睡等，表彰古来大德精进修行、奋不顾身的精神。所以此书出后，流行甚广，一直被作为学徒修德的必读书。诸经引证部分，引《大般若经》《华严经》等著名经典中之训诫语，意亦在激励学行。《禅关策进》是要在整体上给修行者一个方向，一个初学者应具备的意志、品德、知识。

明代无异元来禅师的《博山和尚参禅警语》，也是明代著名警策语。原为弘瀚、弘裕编辑的《无异元来禅师广录》卷十三至十五，成正在万历年间单编为《参禅警语》。《警语》分《示初心做功夫警语》《评古德垂示警语》《示疑情发不起警语》《示疑情发得起警语》《示禅人参公案警语》等篇。此书最大的特色在于指点功夫门径直透学人心髓，无隔靴搔痒、肤廓隔膜之论。特别对于初学，更具警切之力。下面仅选数段，即可看出这一特点。

"做功夫贵在起疑情。何谓疑情？如生不知何来，不得不疑来外。"

"做功夫不怕死不得活，只怕活不得死。果与疑情厮结在一处，动境不待遣而自遣，妄心不待净而自净。六根门头，自然虚豁地，点着即到，呼着即应，何愁不活也！"

"做功夫举起话头时要历历明明，如猫捕鼠相似，古所谓不斩黧奴誓不休。不然则坐在鬼窟里，昏昏沉沉过了一生，有何所益？”

“做功夫最要紧的是个‘切’字。‘切’字最有力。不切则懈怠生，懈怠生则放逸纵意，靡所不至。若用心真切，放逸懈怠何由得生？”

“做功夫最怕比量，将心凑泊，与道转远，做到弥勒下生去，管取没交涉。”

从此数语可以看出，博山无异功夫要领首为疑，次为死，再次为切。疑是悟门，疑窦一破，悟门顿开。疑不至最深处，悟不易得。疑之最深处，峰回路转，不知岸头何处，百计不得出，几至死地。然“兵至死地而后生”，“思之思之，思之不通，鬼神将通之”，冷灰爆豆，死地即活地。不至死地，功夫不切。功夫切，则救死不遑，哪有懈怠放逸！《博山警语》可谓透彻痛切。

《博山警语》中还有博山对于古德垂示的评论，也甚警切。如玄沙师备说，学般若菩萨须具大根器、有大智慧。如果有智慧，当下便得解脱。博山无异对此评论道：具大根器的人一闻千悟，得大总持。说个解脱就是方便之辞，因为大根器的人从来不曾系缚。又如径山和尚说，若要真静，须是生死心打破。生死心破，则自能静。博山评道，如果疑情发得起，则生死心凝结在一起，疑情破则生死心破，求其动静之相了不可得。此语可谓得动静生死之真解。

《博山警语》中教人参禅比教人苦学多，但两者实际上结识在一起。精进与智慧，意志与解悟，交互为用，相资相养。这是本书以博山参禅警语同时为策励警语的原因。

《缁门崇行录》是云栖袾宏的另一部著作。袾宏慨叹末法时代出家人戒行大污，不思精进的现状，辑集古来硕德高僧语言行实，欲对丛林之弊加以针砭。关于此书的撰著缘起，袾宏说，现今沙门稍有才思的，就去攻训诂之学，做文章、刻书，如世俗中儒生所为。有的摭拾古德公案机缘，编辑一起，交坊间刊刻，而实不明其中真意，都是恍惚影响之辞，为明眼人所耻笑。

还有的僧人，听其言，超佛越祖；考其行，落在凡庸。皆末法之弊。故集古德善行，括为十门。袾宏的这十门是清素、严正、尊师、孝亲、忠君、慈物、高尚、迟重、艰苦、感应。可以看出，其中儒家色彩甚浓。十门之每一门下列古德善行几则，然后加以评说。这些评说皆针对“末法之弊”，痛加切责。如清素之行门下有不做斋会之目，列刘宋僧旻七岁出家，以学问道德耸声海内，号旻法师。修缮寺院、译经造像、放生布施等善事，未尝倦怠，惟不做斋会。有人以此为福德未圆满，僧旻说，建大斋会，一要求施王公富贵之家，二要伤害幼小生灵，故不为。袾宏对之大称赞，说今人做一善事必办斋会，名曰圆满。于是许多僧人掩关过半期之后，即在关中盘算，昼夜经划，预办斋会，心中无复正念。僧旻之言，真万世龟鉴。以此针砭后世营斋会之风。在清素之行中还列有梁代慧开受施之后随将财物散给大众，唐左溪玄朗遁迹山林、不入城市等故事，评论皆极恳切。

又如尊师门中举禅宗二祖慧可“立雪过膝”故事，袾宏评论道，二祖得法达磨，是由于他精诚至极，机缘已熟，并非以其断臂。袾宏并且申言，末法时代僧人不切实用功，欲求速效，故有断臂燃身之事，此皆东施效颦之类，不可为法。他认为，学人应断者为“烦恼臂”，应燃者为“无明身”。愿禅者断除无明烦恼，勿徒为外在效法。这不仅警诫谆至，而且有极强的儒家思想贯注其中。释家呼身体为“臭皮袋”，轻贱视之。儒家以为“身体发肤受之父母”，毁伤是为不孝。袾宏十门中之“忠君”“孝亲”明显是儒家思想，所举故事多出僧家，以明儒释会通之旨。

如孝亲门中，袾宏举盂兰盆胜会之由及北齐道纪“母必亲供”、梁代法云“居丧不食”等故事，阐扬孝悌之旨。他说，僧人虽捐弃亲族出家，但并不碍其孝亲。世人以释家为不孝亲，历代儒家中人对此皆有诟病。而袾宏认为，僧人孝亲，与俗人无二；而真正不孝之僧，其行与俗人中不孝之人并无二致：安享十方施主的供养而不念其亲，高坐舟车而使其亲牵挽，出家后别礼富贵之家为己父母等等。他大声疾呼提醒世人，不要以不孝之僧而病一切僧，孝为僧行之大者。

对于忠君，袾宏认为，劝君王做善事以弭灾殃，规谏君王不得妄杀，如晋法旷、佛图澄所为，皆忠君之事。僧家无官守的职责，无建言的义务，但并非不可忠君，君子“处江湖则忧其君”，不过忠君的方式不同。袾宏说，人伦之大莫重于君父，故于此书中列忠孝之目，以杜绝僧家无父无君之谤。

此书中又有艰苦之行一门，列晋昙无竭、唐玄奘等西行求法事迹，训诫僧人必须具备坚定的意志，不怕困难、百折不挠的求道信心。袾宏慨叹当时青年僧人吃不得苦，故无坚卓之行，认为艰苦的环境是磨炼意志的场所，他说：历代祖师皆相戒曰：慎勿放逸。今年轻僧人，十指不点水，百事不措怀，擎钵则说臂酸，拿帚则说腰疼，早晚勤修则说体弱多病……如此修行，不能希望他得道果。

袾宏用诸大德艰苦服劳之事激励学人，如惠能负石踏碓之类。《缁门崇行录》后广瀚的跋语中亦申言：“崇行精进是佛徒第一要素，故表率众僧之长老住持应在坚忍精进方面做出榜样。”他这样要求住持：凡为长老者，据一寺之正位，应该光大佛祖门风，作人天的师范。首先应该开人天眼目，人天眼目是什么？即众生佛性。光大佛祖门庭，首先在得人。作为长老，不能使僧众开悟佛性，是为盗名；不能为佛祖恢廓人才，是为窃位。但要开悟僧众佛性，长老之心必苦，非揣摩研求，曲尽机权，则僧众佛性不能悟。欲为佛祖恢廓人才，长老之身必劳，非勤勇奋励，痛下针锥，则法门人才不能得。所以做长老的，必先起大愿，立大誓，然后显大机，发大用。这里戒显不仅要长老表率众僧，而且要善于接引众僧，针砭众僧。长老之誓愿为体，其接引僧众时的机缘为用。初学入门，先以机锋试其解悟能力之高下，验其参学功夫之深浅，再次对于其历年已得或搜刮，或移换，或拨正，然后指示话头令参究。

参究的方法有两种，一种是平和的，一种是猛利的。平和之法优游平缓，抑制其虚浮，沙汰其粗识，然后逐渐成熟，达于纯洁之地位。但这种方法，对于悟之一字，相距尚远。故使其机发顿显，桶底子脱，须用猛利之法。开导学人，其法须异于常情。戒显于“机权策发”门中，对此法理解颇深：天下凡事喜用顺，独禅门喜用逆；为人治事喜用善，而锻炼学人则须用恶；不恶不足以称天下之大善，不逆不足以称天下之大顺。惟有奋大机权，施大毒辣，发大忿怒，或哄堂诟骂，或旋风捶打；所谓多人愤恨语，不可听闻语，如火烧心语，崩崖裂石，抛向面前，禅人昏倦，立时廓然消散。

此法甚得孙吴用兵之道，虚实表里顺逆善恶，用得好就可诡异万方：或以死求活，或以逆为顺，或以毒攻毒，或变恶为善。或以机括为平实，或以诟厉为软语，反常人之心，得悟门之实。所以戒显在本书跋语中说，是真作家，就能活用孙武子；假作家，则为赵括谈兵。

《禅门锻炼说》中警诫训勉之语尚多，但为显其以孙武用兵之法锻炼学人这一特点，故多述其参禅法，其他别从略。

朝鲜僧之《禅家龟鉴》

中国僧人之警策训诫书，至明代而大行，这与明代世俗社会流行《功过格》《太上感应篇》之类劝善书相呼应。刘宗周之《人谱类记》可以说是俗家的训诫书。朝鲜李朝时代名僧清虚休静所撰的《禅家龟鉴》，其训诫也颇具特色。《禅家龟鉴》全一卷，是朝鲜习禅僧人不可缺少的入门书。它与《儒家龟鉴》《道家龟鉴》合称“三家龟鉴”，是休静的代表作。此书篇幅虽小，内容却很丰富，着重说明参禅功夫要旨，对于心佛众生、教禅二途、话头功夫及持戒忍辱精进等，皆有精切阐发。休静的基本思想是儒释道合一、禅教合一、禅净合一，在朝鲜影响极大。

休静主张“守本真心，精进第一”，他要求禅僧，参禅必须具备三要素：其一，有大信根；其二，立大愤志；其三，有大疑情。如缺少其中之一，则如折足之鼎，终成废器。关于参禅时的心态，休静指出，凡参公案，必须切心做功夫，如鸡抱卵，如猫捕鼠，如饥思食，如渴思饮，皆出于真心，不能有丝毫做作。参禅之心不切，终不能透彻。

关于坚忍精进这类佛教修行者的基本戒条，休静也反复提说，他认为，若无忍行，万事不成，以坚韧的意志为修行道果的基本条件。他反对任何形式的奢华铺排，主张去掉一切装缀，直显质朴之真。他曾说，学道人应端心一意，以质直为本。参学游方，一瓢一衲，旅泊无累。

另外他对故弄精魄的禅风也提出批评，他反对一味胡喝乱棒。这是因为许多禅僧不解棒喝真义，徒为外在模仿。如马祖一喝，百丈耳聋，黄檗吐舌，这一喝中包藏禅宗教外别传，直指人心的宗旨，这是达磨初来之意，也是临济家风。但若不解禅机，徒然瞠眉怒目，只是偷心鬼子。他批评这种人说，病在手足者以进前退后、指东画西为禅，病在心腹者以穷究玄妙、超情离见为禅。据实而论，无非弊病。

休静还提醒学人，切莫以不见道为恨，因而佛祖之想不离心。这是为佛为祖所系缚，必须在无事中求悟，切忌粘滞不化。他曾针对这种情况说，大丈夫见佛见祖如冤家，这样才参得禅，参禅必平实，不求做佛做祖。若着佛求被佛缚，若着祖求被祖缚，有求皆苦，不如无事。这些话都是极为警切的。

另休静对于空的理解，也有很好的意思。他认为空是禅者的“本地风光”，但禅者的空绝非断灭空。一些禅者以断灭空为禅，无记空为禅，一切俱无是为高见。这样的禅者必然抛却活泼家风，守冥然顽空。这样实际是本地风光尚未发明。

休静是朝鲜曹溪宗祖师之一，其禅法宗临济，强调参活句。他在《禅家龟鉴》中的示诫是多方面的，既有立志精进等入门说，也有参禅办道的方法及对学人弊病的提揭，在朝鲜同类著作中是很警切的。

整个清代，佛教更趋衰微，只有禅宗和净土宗还出现过几个较有影响的高僧，其余天台、华严、唯识、律宗皆衰弱已甚。清代禅宗传灯类著作虽也不少，但皆已有灯录的不同辑本。其间警策类书籍极少见，亦无特色，只是明代警策如《缁门警训》《禅关策进》《禅林宝训》等的翻刻本。

民国年间，上海出版过一本与《缁门警训》绝相类似的书：《缁林警策》。

现代绝响

《缁林警策》由忏盦居士编，一九三六年在上海出版。此书收沩山《警策》、永明《警世》、中峰《诫闲》及明代四大高僧莲池袾宏、紫柏真可、憨山德清、澫益智旭等人的文章一百二十八篇。《缁林警策》体例与《缁门警训》相仿，但所选皆僧家文字。

其内容侧重在三个方面：（一）说佛教真谛，示学者入道途径；（二）对僧人特别是初入佛门者的警诫、勉励；（三）教以具体修行方法。如中峰明本《警策歌》，对佛教根本旨趣说得非常显豁，且以歌诀形式，易上口念诵：三界尘劳如海阔，无古无今闹聒聒。尽向自家心念生，一念不生即解脱。……名何名，利何利，一息不来成鬼戏。爱何爱，憎何憎，惹着毫毛是火坑。

又如紫柏，对佛家修行中的障碍提揭得最为鲜明，他指出，修行者最初立念，虽为生死，但到头来败阙者为多数，究竟病在什么地方？不在声色货利，不在七情六欲，只在人身这个臭躯壳子打不破，一点妄想心觑不透，所以被生死魔所侵。他还指出，声色货利，饮食男女，这些都不障道，障道的是自己的身、自己的心。古人言："功劳莫先于有智，大患莫若于有身。"说的就是这个道理。他这里所说的智，是佛智、般若，是勘破生死烦恼的智慧，不是僧肇"般若无智"和老子"绝圣弃智"所摒绝之智。

憨山德清有多篇示沙弥功夫路向的短文，他对末法时代僧人德行的沦丧十分痛心："痛念末法，去圣时遥，法门典刑，已至扫地。吾辈出家儿，不知竟为何事，生来只知惧饥寒、图饱暖。一入空门，因循俗习。游谈终日，捧腹纵情。徒骋六根，备造众恶。"他要僧人奋发勇猛，生大正信，将声色心洗涤得干干净净，拼一条性命，修佛法道果。欲得如此，须先立志。他反复强调，学道者志当归一，不论闲忙动静，日用云为，一切处提撕，不得放过。

袾宏的言论与他在《缁门崇行录》中一致，强调僧人首崇德行，德行是成道的首要保证。沙门的任务是事道，事道德为先。儒士致远者先器识，沙门觅菩提妙道，不可无德。他也强调立志：只一个正念常在胸中，动也如此，静也如此，无间断，无移易。

对于智旭，此书着重选了他对学道次第的论说。如智旭提出学佛法之三要素：一要直为生死，二要具足刚骨，三要开发见识。直为生死是立志，具足刚骨是精进，开发见识是学。总归起来，是志于学并持之以恒。

另外智旭有《阅藏知津》，是指示初学阅读佛经的入门书。智旭在谈到如何阅读佛经时提出三点要求：一要体会如来说法本意。如来说法是要人超脱生死，因此要体之身心，不能只口耳讲说。二是要下学上达，佛经有次第，要由浅入深，逐渐深入堂奥。三是阅藏次第，最先是律藏，熟悉佛门规矩，然后再知佛门大要。

《缁林警策》的重点在明代四僧，选编的时候，注意到了警策的各个方面，它是警策类书籍的绝响。但此时佛教已处于极敝状态，此书的流行，只在少数寺院及居士中，一般人极少问津。加之国事多艰，人心惶惑，亦非静心修行时，它的无声无息是必然的。

以上是与《缁门警训》内容或形式相关的一些书籍的大概情况。因为《缁门警训》是一个专集警策训诫言论的文章选辑，它与上述各书义理上不必有源流承继关系。另外《缁门警训》虽是临济宗人所编，但它所选的，却包括了中国佛教的各个派别，并不限于禅宗。所以不要把它看作禅宗教法的入门书，而应看作整个中国佛教中警策训诫类文字的一个汇编。它所记述的内容，是中国佛教的一个重要方面。

解说

本书共节选警策、训诫、箴铭、赞偈、上堂、小参、书信等五十二篇，大致包罗了原书的意旨和体裁。在“解说”这一章里，我们第一，讲述本书的主要内容；第二，讲述本书对现代生活的启示。

本书主要内容

本书所选，大体按《缁门警训》原书的类型，具体说有以下几类：

一、关于修行规范和修行者应具备的学养。

二、勉励修行者立志精进。

三、讲述佛教大意。

四、对各种弊病的针砭。

五、教以各种修行法门、具体方法。

下面分别论述：

关于修行规范和修行者应具备的学养

佛教对修行者的各个方面都有一些详细规定，本书首篇《尊僧篇》就提出了僧人的本质这个问题。僧人何以要受到尊重？尊重僧人对佛教的保存与传播有哪些重要意义？《尊僧篇》认为，僧人以释为姓，以如来为家，以佛法为身命，以佛慧为最可宝贵的东西，以修行所得的精神享受为食粮。这是对僧人本质的一个解说，也为僧人规定了修行应该达到的目标。为了达到这个目标，僧人必须抛弃世俗所追求的财富、名誉、家庭生活。一个僧人，戒定慧是他的三项法宝。戒是为了身口意洁净，作为修定的准备；定是为了使他的精神专注一境，为佛慧的产生创造条件；慧是修行的最高境界。只有获得了佛慧，僧人的德行才能最后树立，疑惑才能廓清。按照《尊僧篇》所说，僧人应该具有慈、悲、誓、惠四种品行。慈悲是修行者应具有的情怀，誓惠是修行者应具有的行为。至于寡欲、能忍、不争、无妄、普敬等具体准则，更是僧人应该奉行的。本书以《尊僧篇》为首篇，就是要表明，僧人以认清自家使命、自尊自重为第一训诫。

其次，本书认为一个僧人应该具备多种学养，这是佛教徒由孤陋走向高明，佛教从偏狭走向充实丰富的首要途径。书中选云法师《务学十门》，就清楚地表明这一宗旨。务学十门是：不修学无以成，不折我无以学，不择师无以法，不习诵无以记，不工书无以传，不学诗无以言，非博览无以据，不历事无以识，不求友无以成，不观心无以通。这十门，概括了一个僧人学养的各个方面。《缁门警训》的编者，从宋代择贤起，就把《务学十门》作为训诫的重要篇章。其中修学、折我、择师、求友，似乎在佛家各流派中是共同遵守的；但习诵、工书、博览等，却有不同的看法。

比如习诵一门，云法师所举大德皆印度、西域人：迦叶、阿难，具足住持八万法藏；天竺佛图澄，能诵佛经数百万言；佛驮跋陀，别人一月之诵，他一日能记。这在禅宗特别是宗门禅的一些禅师中，是反对的。他们或认为戒定慧是“闲家具”，或认为三藏十二部教“总是魔说”，或认为记诵之工、论说之繁“适足以障道”。宗门禅主张或由参究公案，或由师父点拨，直下悟入，洞彻心源。本书选入这一篇，意欲表明禅教并重的意旨：不因宗门禅的“不立文字”而摈弃习诵，也不因为教门的重视习诵而斥逐宗门禅。

又如工书一门，意在使僧人能缮写编录经论，使佛法流传久远。这是一个僧人担荷佛法所应该做的基本工作之一，文字是他们深入佛法堂奥的工具。但工书之“工”，重在工整书写，不在精通草隶各种书体。

至于学诗、博览二门，是为了应对便捷、有文采，辩论有典据，说服力强。在云法师这里，“哑羊”是受鄙视的。僧人不仅不能在蒲团上死坐，而应与士大夫来往，甚至“感动君王”。文采在交结士夫中是必不可少的，这表示一个僧人才华郁彬、含吐不凡。僧俗中传为佳话的妙对“四海习凿齿，弥天释道安”就是例证。在云法师这里，世俗王公大臣对佛教的信仰、护持是佛法不坠的一个方面，而文章翰墨是同王公大臣交际的工具。这一点,《缁门警训》是认同的。本书选录这一篇，也是认为，僧人应该“游三藏之教海，玩六经之词林”，应该凭借文采同士大夫交往。当然这绝非奔走权门，希图富贵。这类人是本书深诫的。

据此，本书反复告诫，出家为僧不是一件简单事，不是为了求衣食，求安逸，求名利，而是为生死大事，为普度众生，为续佛慧命。许多僧人，没有此等胸怀，出家是为了躲避劳作的艰辛，为了逃脱徭役、赋税，甚至有为富贵利达，把出家作为终南捷径的。

本书蓝谷信法师《释难文》，对此提出了严厉批评：

一个出家为僧的人，如果不知道佛教经典，不知道周公孔子之道，不知自性，不知施主供养难以消受，他就不会成为一个好的僧人，他就会破斋犯戒，奉养一己，造种种恶。《楞严经》中就斥责这种人只是假借僧人衣服，是“鸟鼠僧”“秃居士”“地狱种子”。《缁门警训》中这一类文字是较多的。意在使修行者早知愧悚，自勉自奋，兢业勤修。

本书所选北周道安《遗诫九章》则从另一个方面规诫：僧人既已出家，永远离开了亲人宗族，所以应该抛弃世俗经营的一切，树立远大志向，不顾财色，不贵金玉，甘于淡泊，惟以求道为生命。僧人求道，得到道果，正是为世人消灾免祸，忏罪邀福，仍然可以报答父母的恩情。慈恩法师《出家箴》，对此殷殷告诫：父母哀哀辛苦，省吃俭用，抚育幼儿成长。出家人必须在佛教上有所成就，以此光耀门庭，报答亲恩。有此大志，就会不因循苟且，就会发大誓愿，立大信心，猛利精进。

《缁门警训》对当时一些僧人借口“饮酒食肉不碍菩提路，行盗行淫无妨般若智”而做出种种违犯戒行之事，是痛加指责的。本书所选永明延寿《垂诫》，就是这一方面的代表作。文中指出，末法时代，僧德沦丧，讲求真禅的人越来越少，许多人只是学个虚头，全然无有真切行解。初修行人，道行未圆，便想随心所欲。他告诫此等人，“直待证得无量圣身，始可行世间逆顺事”，所以，若不戒除淫心，就会断绝一切清净种；若不戒除饮酒，就会断绝一切智慧种；若不戒除盗心，就会断绝一切福德种。凡此种种，须速速远离，做到“见一魔事如万箭钻心，闻一魔声如千锥扎耳”，才能正心修行。

以上是对僧人提出的修行规范和应具的学养，其中有正面叙说，有规箴劝诫，目的都是要树立良好的僧德僧行，精勤修业。

勉励修行者立志精进

许多佛教经论中都规定，寺院是修行场所，它首先要保证修行者专心一意，立志精进。寺院不能像王公府第一样蓄养财物。但后世自有寺院经济以来，除庄园田产外，并有大量财物积蓄，有奴仆供驱使服劳。有的僧人认为此妨碍僧人立志精进，亦不合佛教制度，对此提出规诫。本书终南道宣之《诫观破戒僧尼不修出世法》就指出，破戒寺院蓄养奴婢童仆，有牲畜、车辆、田宅，种植园林、储积粟帛、存有金银器皿等，此皆破坏戒条。甚至厨房碓磨、食油面粉、药酒酱醋等，亦在犯戒之列。但自唐以后，寺院经济逐渐形成，碓磨、菜园、库房等已很普遍，禅寺中就有园头、磨头、库头等僧职分管其事，已不专靠乞食，亦不必专靠施主供养。百丈之“一日不作，一日不食”已成定规。此篇中所说之戒，已为多数寺院所破。不过本篇所指，意在戒除奢侈和贪图享乐之风，一意修道。它指出的其他现象，则是当时佛门中常见的弊病，如夤缘富贵之门、亲旧经常往来、吊问婚丧大事，甚至衙门争讼、喜游酒肆市廛等，这些都对身外之物有所贪着，不能净心修道。

本书中，对于懒惰、闲散，也有规箴。如中峰明本之《诫闲》指出，世人没有不以闲散为乐事的，许多僧人以寺院为闲散之地，以出家为休息身心。他们认为，未出家时是非荣辱缠心，心力劳瘁，魂系梦牵，尽是利欲场中事，无有一日得安。弃家入空门，就是为了自由自在。观想于形器之外，遨游于青山白云之间，无父师之训，无身世之劳。此种出家目的，出家后持此种生活，是以出家为闲散之地，对立志精进、严守戒律、诵经念佛，究明生死大事，直至自利利他，皆弃置脑后。

本篇指出，世俗人若不服勤劳、经苦辛，世间之事无由得成。而出家人若不服勤劳、经苦辛，无论根器利钝，出世之事也无由得成。所以，人不可不忙：入世间，则忠君孝亲，悉尽其义，不可不忙；出世间则亲师择友、朝参暮叩，以尽其道，亦不可不忙。若以安闲为务，世间出世间都不能指望他有成就。

本书的劝诫，许多是针对童行、沙弥等青年修行者的，如五祖法演《送徒弟行脚》、月窟清禅师《训童行》、上竺光照《示小师》等，皆此类。中间有劝勉，有针砭，还教以各种入门功课。如法演说，青年僧人不能受现成供养，等闲过日子，须将生死二字贴在额头上，精勤寻究。做功夫要时时检点，刻刻提撕。不能躲在无事禅里，讲“自然功夫”，而要常提不放，猛着精彩。

《徐学老劝童行文》则重在劝勉：玉不琢不成器，人不学不知道，出家人切不可以温饱自满其志，必须在少壮时打下良好的学问基础。并提出，为人师者，对待青年学徒一定要严格要求。与其现在娇纵养成疏懒之风，招将来之怨，不如现在就严加管理，培养勤谨之风，成就大业，招将来的感激。

月窟清禅师标举僧俗两界大德事迹，作为童行学习的榜样：六祖负石舂米，天然铲草服劳，永嘉宗说皆备，扬雄文章盖世。要求青年修行者“今各颛诚，履实践真，无随流俗”。石屋珙禅师则以因果恶趣警诫：一朝老病来相寻，阎罗催请死符至，从前所作业不忘，三涂七趣从兹堕。这些对青年僧徒的劝勉训诫，都是非常切实的。对于佛门人才培养，佛徒学行锻炼，都是有益的。

本书对长老住持等僧徒统领也有训诫。长老作为一寺表率，应该精勤修行，公正无私，胸怀仁义，靠道德学问感召四方衲子。长老最应戒者，在结交权贵，以高身价；或靠官府势力，谋僧院中利益；养尊处优，不能为僧伦仪范。黄龙死心《小参》一篇，就对此种丑行提出批评：有一般破落户长老，四处驰书，这边讨院住，那边讨院住。才讨得院住，便说我是长老，该在方丈室里自在受快活。这样的长老是“地狱滓”。

书中说，长老应该像玄朗编草为毯，牛头负粮供众，匾担和尚拾橡子煮吃，惠休三十年穿一双鞋，艰苦修道，精勤说法。堪为僧行师范，德业垂法后世。这样的人才能做长老。书中对那些无心修道，羡慕寺院生活清静无劳，花钱买度牒混入僧行，扰乱修行的人亦深加斥责：近来有一般狗奴，受雇得钱买度牒，剃下狗头，披佛袈裟，入我法中破坏我法，装腔作势，要做大汉，大汉不那么做！明白说明，佛门庄严，修行事大，不容闲汉混入。修行艰苦，心在饮食丰厚、寮舍舒服者，皆应摒于僧伦之外。

僧人对待衣食供养的态度，本书亦有许多训诫。其中多篇说到，施主供养僧人，为邀福忏罪；僧人自己，完全为了修行。若修行不得正果，则白白消受施物。僧人应当常常念及此情，一方面精诚修行，报答施主之恩，一方面常想施物来之不易，不能有丝毫浪费。

如道宣为弟子慈忍作《诫观檀越四事从苦缘起出生

法》和居士阮中大《仰山饭》，对此恳切相劝：施主之食，皆从苦缘生，耕种锄耘，收割舂簸，做成饭食，供养僧人。其中劳苦，一钵食出一钵汗。一生饭食、衣物、房舍要出多少汗！蔬菜薪炭，要伤害多少小虫的生命！故他告诫僧人：念饭食是苦，节约而食；念衣服是苦，着粪扫衣；念房舍用具是苦，不长住一地。做僧人的应树立这种信念：宁破此身犹如微尘，不以破戒之身受人供养。甚至说，按佛教教义，破戒受施，将变牛马，为人服劳偿还。

《仰山饭》从世俗人悯农的立场告诫僧人：饭食来之不易。农夫耕种甚苦。季节一到，农夫即须下地，早出晚归。苗出后无雨，土田龟裂，盼雨如盼亡子，农夫背枯面焦。及至秋天庄稼成熟，日收夜舂，辛苦万倍。待到新粮收治完毕，里胥催租，债主逼债，鞭打绳拴，农夫卖儿卖女偿债。辛苦一生，所剩无几，家中留米还官租私债，自己吃粥度日。寺中粮米，由住持老僧求乞化缘一点一点收集而来，一勺一钵，包含多少苦辛！如果修行不得道果，佛也难以消受餐饭。这是自一个居士官吏口中道出，训诫不可谓不深切，不可谓不警发！

讲述佛教大义，教以具体修行法门

本书有相当多的篇幅是对于佛教基本义旨的说明。这些说明对于修行者来说，是很必要的，它们某种意义上也属于训诫的范围。如《八溢圣解脱门》中说，礼佛，是敬佛的德行；念佛，是感念佛的恩德。这里的念，不是口念，而是心念。念佛的庄严色相，念佛的慈惠德行。持戒，是践履佛曾做过的行为；看经，是明了佛所说的道理；坐禅，是达到佛的境界；参禅，是与佛的心意相合；觉悟，是证得佛所说的道理；说法，是满足佛自觉觉他的愿望。此八法，缺一不可；此八法，是对佛、法、僧三宝及佛教的基本方面持戒、诵经、参禅、悟道等的义谓、性质的说明。

本书也选入一些世俗官吏中对佛法悟入较深、信仰虔诚的人对于佛教的理解说明。这些人多是士大夫，从小浸润儒学。他们对于佛学的说明，往往有儒学成分掺杂其中。所以，这类文章对世俗人回向佛教，有较大的感召力，而且对于僧家中对外学抱闭固排拒态度的人，也有化解的作用。

司马光《解禅偈》，就是用儒家思想解释佛教教义。如佛教所谓极乐净土，禅宗特别是惠能的南宗禅认为，东方人有罪求生西方，西方人有罪求生何处？所以“佛向心中作，莫向身外求”。就是说，极乐世界就在众生心中。这是禅门与净土法门的合一。司马光把儒家精神修养境界与佛教“一悟即至佛地”的思想结合，说孔颜之乐、孟子浩然之气的境界，就是极乐国。极乐国不必向西方求。

又如佛教因果学说，司马光是用儒家《易经》中“积善有余庆，积不善有余殃”的思想和孔孟以德柔远的思想来说明：孝悌忠信是因，感动神明，使蛮貊来归附是果。积善招百祥，这就是因果。又如佛教所谓“金刚不坏身”，司马光认为主要是精神上的不朽。言论足以为百代师法，行为能做天下的榜样，流芳百世，虽久不可掩，这是真正的不坏身。这些说明是非常切实的。许多士大夫的信佛好佛是由于对佛教的概念范畴所蕴含的丰富内容的钻究引起的。而对这些概念范畴加进儒学的内容，是他们会通儒佛的基本手法。司马光的这些偈，就是这方面的代表作。

如果说司马光作为士大夫中的一种类型，表现出儒佛会通的精神的话，白居易则是另一种类型：主要是信仰。用虔诚的信仰，洗净自己的罪愆。如他在《白侍郎六赞偈》序言中说：“乐天常有愿，愿以今生世俗文笔之因，翻为来世赞佛乘、转法轮之缘也。……欲以此因发缘，为来世张本也。”他是相信佛教所说的因缘转生、今生来世之说的。他对于佛的赞叹，与佛门中人一样虔敬：“十方世界，天上天下，我今尽知无如佛者。堂堂巍巍，为天人师，故我礼足，赞叹归依。”

所以，白居易所发的宏愿就是：烦恼愿去，涅槃愿住，十地愿登，四生愿度。这些都表明，白居易的心态，要比司马光虔诚。他晚年笃信净土乐国，就是明证。同时也说明，晚唐到北宋的二百五十余年中，佛教本身，佛教在士大夫中的影响，发生了相当大的变化。北宋司马光、富弼、苏轼、黄庭坚等人对于佛教的喜好，已经是把它作为向往山林、清高孤介心情的投射，或说是官场失意后的一种精神寄托。已经由信仰蜕变为某种程度的玩赏。

另一种对佛教的理解，表现为对它的核心概念的解释与赞颂，本书桐江择瑛《观心铭》就属此类。文中说：“心焉心焉，本自天然。卓尔独立，湛寂孤坚。妙中至妙，玄中又玄。无来无去，不变不迁。”这是认识方面的心，是心的一般性质：心是人人本具，天然自有的；它是自由的，不是被动的；它孤寂湛澈，但又含容万物；它变化玄妙，是万物中最不可思议的一物。这里对心的描述，与稍后宋代心学代表人物陆九渊所说不同。陆九渊所谓心，主要是伦理原则。其“心即理”的著名命题是说，心中本具的伦理情感是宇宙普遍法则的体现。

《观心铭》也说到作为宗教体验的心：“由体明觉，遂生诸缘。……乃生乃佛，为实为权。……汝具万法兮本自圆成，万法具汝兮其体空平。境非实境，名是假名。……触途莫滞，念起即惺。”这是佛教“心生种种法生，心灭种种法灭”“山河大地，本吾妙明真心中一点物相”的另一种表达。“乃生乃佛”又是大鉴惠能“前念迷佛是众生，后念悟众生是佛”的意思。心是最真实的本体，又能权设方便；它既能表现为物象，又能惺而归真。三界只由心生，迷悟惟在一念。桐江择瑛这篇《观心铭》，是一篇妙文，文理俱佳。它所表达的意思，正是许多大德上堂说法所宣示的，对于认识的心和宗教体验的心，对作为本体和作为现象的心，都是很好的说明。

对于具体修行法门的指引

《缁门警训》的许多篇章是对于初学的警策、训勉并教以各种佛门初级知识，所以书中说到看经、坐禅、参玄等具体法门。这些都牵涉到禅宗的特点。

按照传统教义，佛教之诵读一门，功业十分重大。著名僧史，如梁之《高僧传》、唐之《续高僧传》等，都将翻经、义解列于前项。而禅宗的宗旨是“直指人心，见性成佛，不立文字，教外别传”。这种显著的不同，造成了历史上长期的教禅之争。

本书所选，禅教并重。而关于禅宗特点的提揭，本书有几篇，确是独具特识。如汾州无业《上堂》指出，禅宗所说，皆为破滞有滞空之见。所以，若不理解达磨西来意，尽管有僧肇、道融之妙笔，道生、僧叡之神解，亦不能算入得禅门。天下解禅解道者如恒河沙数，说佛说心者有百千万亿，但如不会禅宗根本旨意，皆堕魔道。达磨来东土，惟传心印，指示迷情。得宗旨者，不管凡还是圣，贤还是愚，一悟即至福地。

禅宗最重要的是究明自己大事。“如数他财宝，自无半钱分”，则非禅宗人也。禅宗讲“多虚不如少实”，大丈夫脚跟立定，当下休歇，顿息万缘，即越生死之流，灵光独照，不同常情。此时可谓三界独步，巍巍堂堂。这番话，对于禅宗之明心见性，直了成佛，及自强自立，都是极好的说明。

又如看经之法，本书《保宁勇禅师示看经》，文虽短，指示看经之法却很切实。它指出，看经之法，后学必须知道。看经之法，首先在净身口意三业。端身正坐，如凭对尊长，不敢有些少放逸，这是净身业；看经时，口里不许有其他杂言，也不能嬉笑，这是净口业；屏息各种杂念，一心在经上，心不旁骛，这是净意业。内心静，外境才能息灭，心才能冥契佛境。在这种精神状态下研究佛理，才易入。净三业之后，才可心法双忘，自他俱利。这番看经的道理，与身口意三业相比附，把读经看作十分庄严的大事。读经是佛教徒的重要内容，正确的读经方法，一生受用不尽。

文中又指出，即使禅门中极大胆的一派，所谓“断毗卢髻，截观音臂，刳文殊目，折普贤胫”的超佛越祖之人，也不能废却读经。不过是告诫人不要只诵佛经，忘了自己，不要为经所缚。“金屑虽贵，落眼成翳。”如陈提刑以一居士，自谦不阅大藏经，但《华严》《楞严》《圆觉》《维摩》及传灯、诸老语录、《宗镜录》等，皆玩味数十年。看经一事，不可不慎。文虽短，但看经之心理准备、看经之具体方法及须戒除之病，尽皆说出。

又如坐禅之法，长芦慈觉之《坐禅仪》说之甚详。坐禅时，饮食要不多不少，多则腹胀难坐，少则心慌难久。睡眠也要适中。坐禅须择一闲静之处，坐具须舒适软和，解宽衣带，然后结跏趺坐。身须正直，不能左右摇晃，前仰后合。骨节须相拄，气息调和，舌齿皆有定法。最重要也最难的是念虑如何排遣。

文中说，一切善恶都莫思量，念起即觉，觉之即失，久久忘缘，自成一片。坐禅本是身心舒泰的安乐法门，人坐禅致病者，多半是不得要领。坐禅的最佳状态是四大轻安，精神爽利。并且认为，禅定是最重要的法门，佛智从禅定中来，“超凡越圣，必假静缘；坐脱立亡，须凭定力”。这类坐禅仪，本书仅选此一篇，但从中可见坐禅要领之大凡。

又如参禅，目的在于悟道；而悟道之方，有多种法门。黄檗要学者参话头，如赵州之“狗子佛性”，一日十二时中，只管去参赵州所答这个“无”字，昼参夜参，行住坐卧，着衣吃饭，心心相愿，守个“无”字。日久月深，打成一片，忽然心花顿放，悟佛祖之机。黄檗说，这种参法是实用功夫，不是口头三昧。平时不参公案，不在古人机缘处会心，说禅说道，甚至呵佛骂祖，到生死关头都用不着。禅家机缘参得透，然后才可以说大话：“达磨西来，无风起浪；世尊拈花，一场败阙。”

而《陈提刑答真德秀书》对于看话头却另是一种理解。信中认为，话头该不该看，没有固定答案。若能一念不生，全体是佛，则此处无话头。看话头是消除纷然杂念的一种手段。在学人念起念灭之时，让他参一个无滋味的话头，杂念摒隔不行，这是不得已的办法。他反对专以看话头为修禅之法。至于有的学者对古人公案话头强行穿凿，或逐个解说，以此为修行事业，则远之又远。

黄檗教人看话，月林师观教人体会关键：“动着关捩子，无师也有智。”要找到这个关键，就要无忌讳地触动自己，使自己被逼至无可回避处。如德山棒，迅雷疾风，石火电光，当下猛省。

以上可以看出，对修行践履中一些具体项目的指导，也是本书的一个方面。由此，我们可以说《缁门警训》可以做“修行指南”之类的书，既有规诫、策励，又有具体方法的指导。这对初学，尤其有用处。

对历代崇佛君王的记载

《缁门警训》的编者，从《广弘明集》中采辑了几篇记载历代君王崇佛言论、事迹的文章，作为向僧徒的说明和夸示，意在树立僧人的自豪感，坚定修行信念。本书选《隋高祖文皇帝敕文》《商太宰问孔子圣人》《宋文帝集朝宰论佛教》三篇。这三篇的中心意旨都是要说明，佛教在历史上曾有过辉煌的时期，许多帝王都奉当时大德高僧为国师，帝王本人也敬信佛教。佛教不仅为帝王忏罪，而且为百姓祈福。

如隋高祖就奉智觊为国师。智觊为陈隋间名僧，在陈朝时已博得诸多官吏和僧众信仰。隋灭陈后，隋文帝下诏问候，炀帝又尊为“智者大师”。文帝敕文开首即说：皇帝敬问光宅寺智觊禅师。并表达对佛教的尊崇与信仰：

“朕于佛教，敬信情重。”说早在北周武帝灭佛时，就发愿护持佛教。即皇帝位后，就把复兴佛教作为头等重要之事。佛教可以福利百姓，所以在派兵攻灭吴越之地后，即仰佛教超度阵亡将士，并表示“尊崇正法，救济苍生”之意。

《宋文帝集朝宰论佛教》，本出《高僧传·慧严传》，道宣采入《广弘明集》。文中记宋文帝刘义隆见颜延之折《达性论》、宗炳难《白黑论》深明佛法，赞叹之余，集朝臣论佛教，举前朝名臣王导、周顗、庾亮、王蒙等佛教信仰者，说这些大臣或宰辅冠盖，或人伦懿范。以此证明，信佛者皆优秀人才。文中说，文帝自集朝臣论佛教之后，留意佛典，常延请当时名僧入宫谈佛，屡次赐宴，僧俗人等同坐一席。对当时名僧竺道生也优礼有加。

《商太宰问孔子圣人》一文，则欲借孔子之口褒扬佛教，一是要说明佛早于孔子，孔子即知西方有圣人；二是要说明佛教比儒教高，儒家之三皇五帝皆不如佛善治。本篇原出《列子·仲尼》篇，后世佛教徒多以此文证明佛教传入中国甚早，孔子已知有佛。但学者多认为《列子》一书乃魏晋间人所伪造，文中记孔子事不可信。（见汤用彤《汉魏两晋南北朝佛教史》）本书选入此篇，亦意在看出历史上神化佛教之迹。

综合以上五个方面，可以看出，《缁门警训》作为警策训诫之书，它的内容是多方面的，几乎包括了一个僧人成才所需要的一切方面：坚定的意志，广博的知识，高尚的德行，自尊自信，尽职尽责；以长老的明鉴，对后学的奖掖；参禅悟道之法，进业修行之序；大德高僧事迹，丛林耆宿法语。应有尽有。警策规箴，贯穿始终。它虽然不是一部著名经典，但仔细品味，却也滋味无穷。它的这些性质，适合于入门初学，更适合于现代人对它加以诠释而后接受。

本书对现代生活的启示

《缁门警训》编定至今，已历五百多年。它一开始就是为了对僧人进行警诫、策励、训勉而编集的，它是一部宗教典籍。同时，它又可以经过善意的理解，对非宗教的世俗人起鉴戒和训勉的作用。例如，本书中所提出的僧人人格，某些方面对于一般人来说也是适用的，不管他从事何种职业，有何种宗教信仰。又如，修行需要坚强的意志，百折不回的信心，这可以说是每一个人事业成功的先决条件。本书中要戒除的僧行中的种种弊病，在世俗人身上也需要戒除。至于高洁、友爱、精进、敬业、悯物种种德行，更是僧俗两众所需要的品质。下面详细讨论几点。

高尚的人格：《缁门警训》对僧人的理想人格，通篇都放在特别重要的位置。有对内在道德的要求，有对外在行为的规诫，有对精神世界的描述，有对形貌气象的说明。如明教契嵩《尊僧篇》提出，一个僧人，应该不修形骸，不贪生、不惧死，为法忘身，以普敬和至诚待天下人，以慈悲要求自身。视名利若游尘，视金玉若粪壤，不可以诱以利益，不可以劫以威势。凡此种种，不都是世俗中人所应该具备的吗？不管是僧人还是世俗人，都有把自己高踞一切之上，恨不得天下利益集于自己一身的。

现代社会的人们要修形骸，但不能用迷信妖妄的方法去进行，更不能把形骸看得高于精神。人们在生活中应该爱惜生命，但在要求为道义为尊严为他人捐躯的时候，也应挺身而出。在人际交往中，以爱心待人，诚恳热情，助人为乐，这是现代社会中人们最需要的品质。在一个冷漠、残酷、失去人性的诗意光辉的环境中，人只会变得自私，相互仇视，人人皆感觉精神不堪重负，一个个疲惫紧张。许多人不正是用宗教的爱心调整自己，使自己过得更充实和轻松吗？慈悲应该是每个人所具备的。慈悲心重，憎恶心轻；慈悲心重，仇恨心轻；高洁心重，鄙吝心轻。甚至人对自然环境的疯狂破坏，究其根本原因，除了对私利的无休止追求外，就是没有慈悲心。对动植物的砍伐杀戮，对大气水源的污染，都是没有慈悲心的表现。人们在征服自然获取生活必需品的时候，有权利要求一切比现在更美好，但若能多一点慈悲心，多一点悲天（人活动的自然场所）悯人（人活动的社会场所）的情怀，人们所得到的必定更多、更合理，所受到惩罚必定更少。

此外，现代社会中最难以打破的就是名利心，贪污、奔竞、贿赂、投机钻营种种蝇营狗苟的行为，皆缘名利心打不破。本书中多篇教人勘破名利心，“无以名利动于情，无以得失介于意”，以超然的态度对待它，保持心之本体的和乐闲雅，减少争斗和戕害。这应该是僧俗生活都追求的。

本书还指出，高尚的人格，是一个团体团结协作的有力条件。做长老的，若能志怀高远利益群生，则僧徒远近皆附。一座名山，长老以德行相号召，广揽人才，僧人可团结协作，大振宗风。一个团体，聚积一帮志同道合的朋友，大家以德行自勉，以学问相砥砺，以事业相期许，团结协作，为团体的美好前程工作。这是现代人应具备的素质。

雪窦重显《壁间遗文》对此有很好的论说：“乐人之乐，犹己之乐；忧人之忧，若己之忧。容众尊贤，克己复礼。无因小隙失素所善，无背公义弃素所疏。能不可矜，势不可恃。无护己短，无掩人长。”此数语，真是处众的法则，这对于更具有知识、更具有生活热情的现代人来说，仍不啻一绝好的训诫。

广博的知识：僧人要求广博的知识，无论对于以解义为主的义学沙门还是对于明律为主的律僧，甚至对于以习禅为主的禅僧都是这样。中国禅宗虽主张不立文字，直指人心，但他成佛的前提是悟，悟则需要知识的准备。可以这样说，知识储备越厚，所用以接受悟解的契机越多，解悟就越容易、越彻底。许多禅师贬斥文字，那是为了破除对文字的执着，防止文字成为障道的工具，绝不是说不要文字。即使根器极高的人，也不能绝对脱离文字而有成就。

实际上，大凡高僧，皆饱学之士。撰著《高僧传》的梁代高僧慧皎，时人说他“学通内外，博训经律”。他的《高僧传》写成后，全国僧俗争相传抄，文字华美，事迹详赡，成为历代僧传的楷模，各时代佛教研究者极为推重。又如唐代高僧道宣，撰著《续高僧传》，又成《法苑珠林》一百卷，成为修佛者必读的文献。即使后来以惠能为首的南宗禅极力主张断绝文字因缘，但诸大德皆有语录传世，并且皆博通多种经典。著名居士，其博学自不待言。

佛教中的有识之士，亦不偏狭，他们不仅倡导学好佛学知识，而且倡导学好佛学以外的知识。如本书所选宋赞宁《勉通外学》，提出博通儒释道三教的主张。佛学为释子本业，自不能不学，“儒道二教，义理玄邈，释子既精本业，何妨钻极，以广见闻，勿滞于一方也”。这和一些以为外书妨碍佛教徒修业的偏狭态度是完全不同的。况且，以博学为僧俗间桥梁，如道安与习凿齿，慧远与宗炳等，千古传为佳话。道安、慧远皆学冠当时，对儒学尤为精通。《高僧传》中说道安涉猎群书，博通内外典籍，当时长安城中贵族子弟好诗赋者，皆趋赴结好。道安并识古鼎铭文，苻坚令学士内外学有疑，皆可问道安。当时京城有言：学不师从道安，疑问终难解除。这是释子引以为荣的。

所以本书中虽有训诫释子勿学外学的，但赞宁此说，却有相当影响。至于云法师《务学十门》中特设博览、学诗二门，更是具卓识。这里博览，要求兼通内外学，儒佛并重：“游三藏之教海，玩六经之词林。”学识宏富是为了言谈有典据，不仅免除固陋之病，且能作为一种交际手段，与士大夫往来。云法师并且说：“佛法既委王臣，弘道须习文翰。”他是把帝王及名公大臣作为弘扬佛法的一支重要力量。佛教如得不到世俗力量的支持，仅在僧人中维持，那就很难产生广泛的社会影响。学问宏富本身就是在弘扬佛教。

文中还提到名僧支遁。支遁精通外学，尤善《庄子》，其解《庄子·逍遥游》，在向秀、郭象《庄子注》外，标揭新义，为一时学问名家所推许。其即色之论，为般若学六家七宗之一。云法师还提倡学诗，他认为《诗经》中《国风》敦厚，《雅》《颂》温柔。文字辞藻华美，意境深远。学诗可以培养僧人超迈的气质和优雅的谈吐。所以他把诗歌列为应读之书。

本书所表彰的博学，以及为之所作的论证，对现代人都是极有启发的。现代社会，知识的门类和内容在急剧增加，虽不能尽学，但亦应当尽量广博地学习。对自然科学、社会知识、历史地理，乃至中外民族宗教、风土人情，要尽量博通。博通的目的，不仅仅为了实用，而是像本书中所说的，把它作为培养人格、充实精神生活、去掉鄙吝猥琐种种习气的手段。现代人的形象应该是具有优雅的谈吐和整齐的仪表，有入世的积极态度和超世的悠远洞见，对家庭和社会有高度的责任感，同时对自己又有精神追求的人。本书对于博学的种种议论，是能够为现代人提供资养的。

坚强的意志：意志的培养，在本书中是最主要的方面。“警训”者，警策训诫，其中最多的，就是意志方面的训诫。《缁门警训》深知，一个担荷大法、续佛慧命的人，首要条件，就是意志的坚韧。尤其在佛教衰落的末法时期，佛门淡薄，许多人羡慕浮华，离开佛门；许多人身在佛门，但受不了世俗种种引诱，做出违犯清规戒律之事，有的甚至作奸犯科，辱没佛门。

究其原因，皆求道之志不真，意志不坚韧，僧行不贞固所致。尤其佛教为了破除人们对世俗所贪求的东西的执着，专心修道，要僧人清心寡欲，苦行励志，远离尘嚣。这些都是对世俗享乐的遗弃。能否心如壁坚，屹立不动，这是对僧人最大的考验。人非木石，孰能无情，而僧人就是要用修行来破除迷情。这非有大根器、大力量不可。所以佛家有言：“出家非关将相事，要大力量人承当。”就是说，有将相之才的人未必能做僧人。好的僧人所需要的毅力和气概要比将相大。《缁门警训》正是有见于此，娓娓数万言，皆在成就僧人坚强的意志上说法。

要有坚强的意志，须先除掉我执与骄慢。本书指出，人之不能有大道果，多屈于执着有我与骄慢别人之心。凡事以一己之小我出发，所以见善不能尽从，见恶不能尽去。我执障蔽智慧，骄傲消磨志气。修道须发大誓愿，立志精进。但我慢二字使人不能为法忘躯，执着有我必然难以斩断世俗情网，生种种烦恼与迷惑。所以，《务学十门》中有“折我”一门，要求释子摧折我慢，一心体道。欲求大法者，应该撙节屈礼，恭默忍道，在修业中锻炼意志。慈恩《出家箴》中说：“炼磨真性若虚空，自然战退魔军阵。”

其次要通过苦行，磨炼意志。佛教本有苦行教义。相传释迦牟尼成道前，修苦行多年。印度诸外道之苦行，更是花样繁多。中国佛教虽摒去印度佛教和外道中的许多不合情理、不合健康法则的苦行法，但对于通过一定的艰苦生活，锻炼意志，增加悲悯心，消折我慢，却也是提倡的。

本书中常举古之大德高僧苦行修炼之事以激励后学。如张商英之《永安禅院僧堂记》说，古之学道之士，灰心泯志，在深山幽谷中，掏洞居住，以树皮草叶为衣。渴了喝溪水，饿了吃野菜，与虎豹狼虫为邻，为的是锻炼意志，与繁华世界决绝。又如月窟《训童行》特别指出，坚强的意志都是从一件一件的小事锻炼出来的，无论是儒家的圣贤还是佛门中的硕德皆由苦得果。六祖惠能，五祖让他在碓房服役，他便腰坠大石踏碓，最后终成道果。经过苦行磨炼意志，才能名利不措怀，财色不为念，才能忘掉繁华世界，栖身林壑间；才能君王相召不去，王侯相请不赴，专心一志向道。

所以本书有一个突出的思想：意志是成道的基础，苦行是大业的帮助。雪窦《壁间遗文》就说，传承祖灯，续佛慧命，这不是一件小责任，必须学前辈僧人苦行。黄檗禅师也借用宋人诗句说明这一道理：不经一番寒彻骨，怎得梅花扑鼻香？极言意志锻炼的必要。

本书的这些思想，虽然说的是僧人，但也可以为现代人汲取。现代社会物质生产飞速发展，随着科技进步，随着物质生活水平的提高，人们越来越注意人格构成中的智力因素，轻视意志的锻炼。而由于处在优裕的环境中，人们不愿通过艰苦生活去锻炼意志。其实，意志在一个人的成功中起着决定性的作用。智力和机会大致相同的人，意志超胜的人会取得大的成就。大量的失败，不是来自智力因素，而是来自意志因素。现代社会，竞争加剧，生活节奏加快，人们需要更强健的体魄，需要更坚强的意志。商战中的处处坑堑，学海中的艰苦跋涉，政坛上的明争暗斗，更不用说日常交往中的嫉妒猜疑，蜚短流长，哪一点不需要坚韧的意志？

此外，现代社会，传统观念正在打破，人们的信仰和行为规则不断受到新的挑战，人们的心理防卫能力在减弱。五光十色的现代社会正在把越来越多的人从出尘之想拉入现世。在这种环境下能否保持操守，这是对意志的考验。这一点上，《缁门警训》为我们提供了有益的借鉴。“缁门”二字若善加理解，真可作为世俗人的箴规。《缁门警训》真可以僧俗同诫。

《缁门警训》不是专门讲佛教义理的书，尽管它中间有这方面的内容；也不是讲戒律的，当然它涉及戒律。它是一本警醒、训诫、劝勉僧人修行的书。但每个人实际上都在修行。世界是一个大“选佛场”，能否在此中及第荣归，完全靠每个修行者自己。在这当中，《缁门警训》会是一个有用的助缘。

出版后记

星云大师说："我童年出家的栖霞寺里面，有一座庄严的藏经楼，楼上收藏佛经，楼下是法堂，平常如同圣地一般，戒备森严，不准亲近一步。后来好不容易有机缘进到藏经楼，见到那些经书，大都是木刻本，既没有分段也没有标点，有如天书，当然我是看不懂的。"大师忧心《大藏经》卷帙浩繁，又藏于深山宝刹，平常百姓只能望藏兴叹；藏海无边，文辞古朴，亦让人望文却步。在大师倡导主持下，集合两岸近百位学者，经五年之努力，终于编修了这部多层次、多角度、全面反映佛教文化的白话精华大藏经——《中国佛教经典宝藏》，将佛教深睿的奥义妙法通俗地再现今世，为现代人提供学佛求法的方便途径。

完整地引进《中国佛教经典宝藏》是我们的夙愿，

三年来，我们组织了简体字版的编审委员会，编订了详细精当的《编辑手册》，吸收了近二十年来佛学研究的新成果，对整套丛书重新编审编校。需要说明的是此次出版将丛书名更改为《中国佛学经典宝藏》。

佛曰：一旦起心动念，也就有了因果。三年的不懈努力，终于功德圆满。一百三十二册，精校精勘，美轮美奂。翰墨书香，融入经藏智慧；典雅庄严，裹沁着玄妙法门。我们相信，大师与经藏的智慧一定能普应于世，济助众生。

东方出版社